바쁜엄마의 간편요리 1

웰빙 워킹맘 레시피

송청락

지구문화사
JIGU PUBLISHING Co.

contents

간편하게 조리하는 비결 · 6

20분만에 세 가지 반찬 저녁상차림

맛있는 정어리를 이용한 요리 정어리 매실간장조림 · 8
정어리 매실간장조림 / 사천풍 물만두 / 줄콩 깨무침

고등어자반, 두부, 계란으로 만드는 웰빙식단 무순을 곁들인 고등어자반 · 10
무순을 곁들인 고등어자반 / 튀김두부야채조림 / 양상추 계란국

정통 중화요리로 저녁상을 화려하게 마파가지 정식 · 12
마파가지 정식 / 시금치 유부 간장무침 / 바지락 볶음

재빨리 만들어서 맛있게 먹는 참치회 카르파쵸 정식 · 14
참치회 카르파쵸 / 닭가슴살 수프 / 오이절임

아이들이 가장 좋아하는 햄버거 정식 · 16
햄버거 / 해초 샐러드 / 계란 토마토 수프

빠른 요리, 영양 만점 돼지고기 생강볶음 정식 · 18
돼지고기 생강볶음 / 톳볶음 / 오이 숙주나물 무침

유림의 풍미가 가득 스며든 깊은 맛 유림꽁치 정식 · 20
유림꽁치 / 시금치와 베이컨 샐러드 / 야채 잔멸치 볶음

일식과 양식이 잘 조화된 상차림 연어 마요네즈구이 정식 · 22
연어 마요네즈구이 / 무말랭이 볶음 / 잔새우와 감자볶음

백포도 식초 향이 식욕을 돋구는 카포나타 정식 · 24
카포나타 / 관자 데리야끼구이 / 으깬 두부볶음

토마토와 은대구의 절묘한 만남 은대구 토마토조림 정식 · 26
은대구 토마토조림 / 파를 곁들인 완탕 / 와사비를 곁들인 청경채

먹음직스럽고 영양밸런스도 만점 돼지고기 당면볶음 정식 · 28
돼지고기 당면볶음 / 감자와 양파샐러드 / 죽순 줄콩 무침

일본풍 햄버거로 독특하게 일본풍 햄버거 정식 · 30
일본풍 햄버거 / 재첩된장 / 소송채 마른새우 볶음

식어도 맛있는 고등어 된장조림 정식 · 32
고등어 된장조림 / 가지찜 카르파쵸 / 팽이버섯과 부추 명태알 무침

다진 돼지고기를 넣은 양념두부 정식 · 34
양념두부 / 미역국 / 버섯조림

10분만에 만드는 아침상차림

기분 좋은 식감 쫀득쫀득한 피자 정식 · 36
쫀득쫀득 피자 / 미역국 / 오크라 무침

건강을 먼저 생각하는 웰빙식탁 해초 유부초밥 정식 · 38
해초 유부초밥 / 브로콜리 명태알무침 / 계란국

아침으로 핫도그를 즐기는 영양만점 식단 핫도그 정식 · 40
핫도그 / 시금치와 삶은달걀 샐러드 / 크림콘수프

저장 후 바로 활용할 수 있는 편리한 레시피

오징어 · 42
오징어 조림 / 오징어 카레튀김 / 오징어 낫토무침

양파 · 44
그라탕 수프 / 양파 피카타 / 양파 카레

양배추 · 46
양배추 다시마무침 / 양배추 깨무침 / 황새치 된장구이

무 · 48
무 간장절임 / 매실 무 무침 / 무청 볶음

토마토 · 50
쇠고기 토마토 스튜 / 토마토 샐러드 / 모짜렐라 샐러드

시금치 · 52
시금치 나물 / 시금치 마늘볶음 / 시금치 유부말이

닭안심 · 54
닭안심 샐러드 / 닭안심 구이 / 닭안심 매실구이

단호박 · 56
단호박 조림 / 단호박 샐러드 / 닭고기를 곁들인 단호박

배추 · 58
배추 삼겹살찜 / 배추 단식초 절임 / 배추와 깻잎 맛가루 무침

다진 닭고기살 · 60
닭고기 덮밥 / 치킨볼 / 가지 된장무침

전기밥솥으로 만드는 간편반찬

깔끔하게 먹을 수 있는 한 끼 요리를 밥솥으로 간단하게 팥밥 정식 · 62
야채조림 / 브로콜리 된장초무침 / 팥밥

다양한 색채가 미각을 더욱 돋우는 야채 필라프 정식 · 64
마카로니 샐러드 / 야채 필라프 / 연어 호일구이

덮밥정식도 전기밥솥에서 한 번에 소고기 덮밥 정식 · 66
마늘풍미 청경채 / 수란 / 소고기 덮밥

매실과 깻잎 향취가 입맛을 살리는 닭안심 매실 깻잎말이 정식 · 68
단호박과 고구마 샐러드 / 닭안심 매실깻잎말이 / 밥

아이 어른 모두 즐기는 오므라이스 정식 · 70
크레송 나물 / 닭고기살을 곁들인 찐토란 / 오므라이스

전자레인지로 땡! 간단요리

중화볶음밥 / 가자미 조림 / 닭다리살 구이 / 피망 소고기 볶음 · 73
관자 스튜 / 미니 불고기 / 모듬 버섯조림 / 감자 튀김 치즈구이 · 75
양배추 바지락 레몬 버터구이 / 오믈렛 / 토마토 수프 / 잔멸치 샐러드 · 77
단호박찜 / 무말랭이 설탕 초무침 / 톳 샐러드 / 연두부 · 79
시금치 버터무침 / 양상추 소시지 수프 / 돼지고기 흑식초볶음 / 돼지고기 조림 · 81

15분 완성, 아이들이 좋아하는 디저트

후렌치파이 / 아몬드 크루아상 · 82
초코찐빵 / 바나나 크레이프 · 83
팥 경단 크림 / 물만쥬 · 84

홈메이드 조미료로 만드는 맛있는 요리

만들어 두면 편리한 특선조미료 · 85

중화풍 드레싱 / 초간장 / 조림장 (진한 맛) / 조림장 (순한 맛) / 참깨간장소스
참깨 드레싱 / 프렌치 드레싱 / 프렌치 어니언 드레싱 / 이탈리안 드레싱
이탈리안 토마토 드레싱

냉동식품을 활용한 간단 일품요리 · 88

아스파라거스 김치 / 줄콩 굴소스볶음 / 소송채볶음 / 베이컨 갈릭포테이토 / 깍지콩 경단
시금치 멸치조림 / 닭가슴살 튀김 / 파이비엔나 / 토마토 바질소스의 미트볼구이 / 치즈 단호박
브로콜리 갈릭볶음 / 딤섬 볶음

저장식품을 이용한 스피드 술안주 · 92

양상추 프렌치 치즈무침 / 짜사이 셀러리볶음 / 목이버섯 당면 볶음 / 냉샤브샐러드
마와 매실장아찌 무침

마지막까지 알뜰하게 식재료 완벽 저장법 · 94

계란 / 육류 / 밥 / 빵 / 육수, 수프 / 치즈 / 시금치 / 양배추 / 두부 / 감자 / 스위트콘 / 당근

캔제품을 사용한 요리모음! · 96

가다랭이포 맛가루 밥 / 참치샐러드 / 토마토와 양파를 곁들인 정어리 / 양파 꽁치버무림
콘샐러드 / 해초샐러드 / 화이트 아스파라거스의 오로라 소스무침 / 대두 마요네즈 무침

워킹맘을 도와주는 요모조모 쓸모 있는 조리기구 · 98

Tip:

· 20분만에 세 가지 반찬 저녁상차림
· 10분만에 만드는 아침상차림

모든 메뉴의 사전준비부터 완성까지 동시에 진행할 수 있는 타임스케줄을 소개합니다. 시간 배분만 잘해도 빠르게 상차림을 완성할 수 있습니다.

간편하게 조리하는 비결 7

매일매일 바쁜 워킹맘에게 유용한 요리비결과 맛있게 만드는 조리법이 가득합니다.

1 요리를 하면서 정리한다

요리를 맛있고 능숙하게 만들기 위해서는 청결이 포인트. 사용한 물건을 정리하면서 조리하면 치운 물건을 곧바로 사용할 수 있고, 위생면에서도 좋다.

2 도마 위에 식재료를 장시간 놓아두지 않는다

도마 위에서 조리한 식재료는 썬 후 바로 그릇 등에 옮겨 놓는다. 그리고 도마는 바로 씻어서 닦아 둔다.

3 날것으로 먹는 것을 가장 먼저 조리한다

샐러드 등 날것으로 먹는 식재료는 맨 처음에 조리해서 랩 등으로 싼 후 냉장고에 넣어둔다.
도마와 손은 항상 깨끗하게 유지하는 것도 잊지 말 것.

4 맛을 볼 때는 전용 그릇을 준비

요리의 맛을 보고자 할 때에는 조리도구로 바로 떠서 맛을 보면 비위생적이다. 번거롭더라도 전용 그릇에 떠서 맛을 보도록 한다.
사소한 것이지만 이렇게 하면 위생적이며 보기에도 좋다.

5 시간이 있을 때에 만들어 놓는다

양배추나 호박 등 한 번에 다 쓰기 어려운 식재료는 쉬는 날에 적당히 조리해 놓으면 평일에 저녁식사 준비시간을 단축할 수 있다.

6 전자레인지를 효과적으로 활용한다

조리시간의 단축이나 칼로리를 억제하기 위해, 또는 여름 더위 대책을 위해서라도 전자레인지를 잘 활용하여 메뉴를 늘려보자.

7 시판제품을 요령있게 활용한다

가사와 일을 병행하는 바쁜 엄마의 지원군, 시판품. 냉동식품이나 드레싱 등의 시판제품을 잘 활용해 보자.
영양균형을 생각하여 활용하면 꽤 도움이 된다.

20 분만에 세 가지 반찬을 만드는 저녁상차림

바쁜 엄마에게 적극추천! 한 번에 저녁반찬을 세 가지나 만들 수 있답니다!

맛있는 정어리를 이용한 요리

정어리(꽁치) 매실간장조림

20분 Time schedule

1. 정어리 씻기
2. 소금 뿌려두기 정어리에
3. 정어리 조리기
1. 배추 문지르기
1. 줄콩 데치기
2. 만두 빚기
4. 담기
2. 줄콩 자르기
3. 만두 익히기
3. 무치기

Finish!!

이렇게 하면 20분만에 만들 수 있어요!

정어리를 조리는 동안 만두, 깨양념을 만든다

정어리를 조리는 데 15분 정도 걸립니다. 그동안 만두소를 만들거나 줄콩을 데칩니다. 그렇게 하면 20분 이내에 세 가지를 만들 수 있습니다.

재료(2인분)

정어리 매실간장조림

- 정어리(中) ········ 4~6마리
- 생강 ········ 적당량
- 소금 ········ 1/2T
- A
  - 매실장아찌 ········ 2개
  - 청주, 식초, 설탕 ········ 각 1T
  - 간장 ········ 2T
  - 물 ········ 200ml

만드는 법

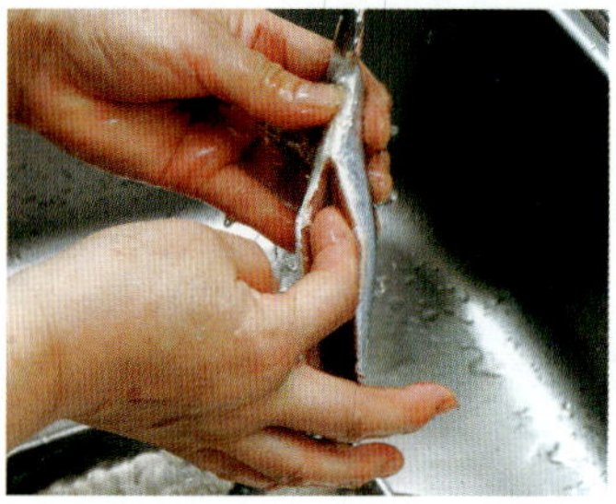

1 정어리 씻기

정어리의 머리를 자르고, 배 부분도 삼각형으로 잘라서 물로 잘 씻는다(뱃속은 더 꼼꼼하게 씻는다). 생강은 채 썬다.

2 정어리에 소금 뿌리기

①의 정어리를 가지런히 놓고 앞뒤에 소금을 뿌리고 10분 동안 절인다.

3 정어리 끓이기

②의 정어리를 물로 잘 헹궈 내고, 머리가 왼쪽으로 가도록 A와 함께 냄비에 넣어서 중불로 15분 정도 끓인다.

4 담기

③의 정어리가 익으면 머리부분을 왼쪽으로 해서 그릇에 담고 ①에서 채 썰어 놓은 생강을 얹는다.

사천풍 물만두

- 배추 ········ 1장 (50g)
- 양파 ········ 10g
- 다진 돼지고기 ········ 50g
- A
  - 소금 ········ 1/8t
  - 청주 ········ 1/2T
  - 물 ········ 1T
  - 생강즙 ········ 2방울
  - 후추 ········ 약간
- 만두피 ········ 8장

[소스]

- 간장, 식초, 깨 ········ 각 1T
- 설탕 ········ 1/3t
- 고추기름 ········ 1/2t
- 코리앤더(고수) ········ 적당량

만드는 법

1 배추 무치기

배추와 파는 다진다. 배추에 소금을 뿌려서 조물조물 무치고 물기를 꼭 짠다.

2 만두 빚기

다진 돼지고기에 A를 넣고 점성이 생길 때까지 섞은 다음 ①의 배추와 파를 넣어 만두소를 만들고 만두를 빚는다.

3 만두 익히기

끓는 물에 ②를 3~4분 정도 끓여서 만두가 떠오르면 건져낸다. 접시에 소스를 뿌리고 취향에 맞게 고추기름, 코리앤더를 첨가한다.

줄콩 깨무침

- 줄콩(green bean) ········ 10개
- 소금 ········ 적당량
- A
  - 설탕 ········ 1/2T
  - 간장 ········ 1/2T
  - 흰깨소금 ········ 1T

만드는 법

1 줄콩 데치기

줄콩은 소금으로 조물조물 비벼서 1~2분 정도 두어 간이 배게한 후, 데쳐서 물기를 제거하고 식힌다.

2 줄콩 자르기

①의 줄콩을 3~4㎝의 길이로 자른다.

3 무치기

A를 넣어서 ②의 줄콩을 무친 후 그릇에 담아낸다.

Memo

정어리에 소금을 뿌리는 이유

생선에 소금을 뿌린 후 소금이 녹으면 물로 씻고 조리합니다. 이렇게 하면 껍질이 잘 벗겨지지 않고 생선이 더 맛있습니다.

고등어자반, 두부, 계란으로 만드는 웰빙식단

무순을 곁들인 고등어자반

20분 Time schedule

1. 재료 자르기
1. 재료 자르기
2. 고등어 데치기
2. 재료 볶기
3. 고등어 찢기
1. 물 끓이기
3. 농도 맞추기
2. 계란 풀기
3. 양상추 넣기
4. 그릇에 담기

Finish!!

이렇게 하면 20분만에 만들 수 있어요!

가스레인지를 적절히 활용하자

세 가지 모두 가스레인지를 사용하므로 가스레인지가 2구인 경우는 자반요리와 두부를 먼저 해 놓는다.

재료(2인분)

무순을 곁들인 고등어자반

- 고등어(말린 것) ················ 반마리
- A
  - 물 ································ 200ml
  - 식초, 청주 ························ 각 1T
- B
  - 무순 ······························ 1팩
  - 생강 작은것 ························ 1쪽
  - 깻잎 ······························ 4장
  - 부추 ······························ 4장
  - 새싹 ······························ 적당량
- 참기름 ································ $^1/_2$T
- 초간장 ································ 3T
- 고추가루 ······························ 약간

만드는 법

1 재료 썰기

B의 무순은 뿌리를 자르고 $^1/_2$ 길이로 썬다. 생강, 깻잎은 채 썰고 새싹은 다진다. 부추는 어슷썰기한다.

2 고등어 데치기

고등어와 A를 냄비에 넣고 중불에서 5분 정도 끓인 후 물로 씻는다.

3 고등어 찢기

②의 고등어 껍질과 뼈를 제거하고 먹기 좋게 찢는다.

4 그릇에 담기

③의 자반을 그릇에 담고 ①의 무순, 생강, 깻잎, 부추, 새싹을 얹고, 참기름과 초간장, 고추가루를 뿌린다.

튀김두부 야채조림

- 튀김두부 ······························ 1개
- 당근 ·································· 20g
- 만가닥버섯 ···························· $^1/_2$팩
- 돼지고기 ······························ 50g
- 파 ···································· $^1/_2$대
- 식용유 ································ 1T
- A
  - 두반장 ····························· $^1/_2$T
  - 마늘 ······························· 약간
- B
  - 육수 ······························· 100ml
  - 청주, 간장 ························· 각 1T
  - 설탕 ······························· $^1/_2$T
- 녹말물(1:1) ···························· 1T

만드는 법

1 재료 썰기

튀김두부는 10등분한다. 당근은 1cm 폭으로 납작썰기한다. 만가닥버섯은 밑둥을 떼고 잘게 나눈다. 돼지고기는 5cm 폭으로 자른다. 파는 어슷썰기한다. A의 마늘은 저민다.

2 재료 볶기

냄비에 식용유를 두르고 돼지고기와 A를 넣어서 2~3분간 볶는다. 튀김두부, 당근, 만가닥버섯, 파를 넣고 B를 넣어서 5~6분간 익힌다.

3 농도 맞추기

②에 녹말물을 조금씩 첨가하면서 걸쭉하게 농도를 맞춘 후 그릇에 담는다.

양상추 계란국

- 계란 ·································· 1개
- 소금, 후추 ···························· 약간씩
- 육수용 조미료 ························· 1t
- 양상추(바깥껍질) ······················ 1장
- 물 ···································· 200ml

만드는 법

1 물 끓이기

계란은 풀어놓는다. 냄비에 물을 붓고 끓여서 육수용 조미료, 소금, 후추를 넣어 맛을 낸다.

2 계란 풀기

①에 풀어 놓은 계란을 넣어서 한소끔 끓인다.

3 양상추 넣기

②에 양상추를 찢어서 넣고, 살짝 끓인 후 대접에 담는다.

Memo

녹말물은 조금씩 넣는다.

녹말물은 한 번에 넣으면 응어리가 생기므로 냄비에 원을 그리듯이 조금씩 상태를 봐 가면서 넣도록 한다.

정통 중화요리로
저녁상을 화려하게

마파가지 정식

20분 Time schedule

1. **1** 시금치 자르기
2. **1** 재료 자르기
3. **1** 재료 자르기
4. **2** 유부 데치기
5. **2** 가지 볶기
6. **3** 고기 볶기
7. **4** 마파가지 만들기
8. **2** 바지락 씻기
9. **3** 바지락 익히기
10. **4** 담기
11. **3** 간을 하여 담기

Finish!!

이렇게 하면 20분만에 만들 수 있어요!

마파가지와 바지락은 한 번에 버무린다

시금치를 물에 담가두는 데 시간이 걸리므로 그동안 다른 요리를 만들어 두자. 또 마파가지와 바지락을 버무릴 때 ② 이후의 과정은 집중적으로 한 번에 끝내도록 한다.

재료(2인분)

마파가지

가지 ······ 3개
대파 ······ 1/2대
식용유 ······ 2T
물 ······ 3T
다진 돼지고기 ······ 80g
식용유 ······ 1T
A { 두반장 ······ 1t
  일본된장 ······ 1T
B { 다진 마늘 ······ 1t
  다진 생강 ······ 1T
C { 청주, 설탕 ······ 1T씩
  간장 ······ 1과 1/2T
  물 ······ 100ml
  닭육수 조미료 ······ 1t
  후추 ······ 약간
녹말물(1:1) ······ 1T
참기름 ······ 적당량

만드는 법

1 재료 썰기

가지는 꼭지를 떼고 세로로 반을 갈라 2cm 폭으로 어슷썬다. 대파, B의 마늘, 생강은 각각 다져 놓는다.

2 가지 볶기

프라이팬을 달군 후 식용유 2T를 두르고 가지를 볶다가 약간 부드러워지면 물을 넣고 뚜껑을 덮어서 푹 익을 때까지 둔다.

3 고기 볶기

달군 프라이팬에 식용유 1T를 넣고 다진 돼지고기를 볶고, 돼지고기에서 나온 물이 없어질 때쯤 A를 넣어서 2~3분 더 볶아 향을 내고, B를 넣어서 한 번 더 볶는다.

4 마파가지 만들기

③에 C를 넣고 잘 버무려지면 녹말물로 걸쭉하게 만들고 참기름을 넣은 후 ②의 가지를 넣어 가볍게 섞어 그릇에 담는다.

시금치 유부 간장무침

시금치 ······ 반단
소금 ······ 적당량
유부 ······ 1/2장
깨 ······ 1/2T
A { 가다랭이포 육수 ······ 100ml
  간장 ······ 1T

만드는 법

1 시금치 자르기

시금치는 뿌리 부분에 십자로 칼집을 넣어서 3cm의 길이로 자른다. 물에 10분 정도 담가둔다.

2 유부 데치기

시금치를 건져 소금을 약간 넣은 끓는 물에 데친다. 유부는 세로로 길게 잘라서 뜨거운 물을 부어 기름기를 제거하고 꼭 짠다.

3 간을 하여 담기

A를 냄비에 담아 한소끔 끓이고, ②의 유부를 넣어서 불을 끄고 한김 식으면 ①의 시금치를 잘 짜서 넣고 깨를 뿌린 후 그릇에 담아낸다.

바지락 볶음

바지락 ······ 200g
청주 ······ 2T
A { 부추 ······ 10줄기
  마늘, 다진 생강 ······ 각 1/2t
  간장 ······ 2T
  설탕 ······ 1t
  레몬즙 ······ 1T

만드는 법

1 재료 썰기

A의 부추는 어슷썰기하고 마늘, 생강은 다진다.

2 바지락 씻기

바지락을 비비듯이 잘 씻어서 후라이팬에 담는다.

3 바지락 익히기

프라이팬을 달궈서 ②에 청주를 뿌려 뚜껑을 덮고 입을 연다.

4 담기

A를 모두 합쳐서 ③에 넣고 섞고 잘 버무려 그릇에 담아낸다.

POINT

살아 있는 바지락을 사용하자

바지락끼리 부딪쳐서 금속음이 들리면 살아 있는 것. 둔탁한 소리가 들리면 죽은 것이므로 사용하지 않도록 한다.

재빨리 만들어서 맛있게 먹는

참치회 카르파쵸 정식

20분 Time schedule

1. 1 밑간하기
2. 1 닭가슴살 자르기
3. 1 재료 자르기
4. 2 오이 절이기
5. 2 참치회 굽기
6. 2 믹서에 갈기
7. 3 냄비에 끓이기
8. 3 담기
9. 3 오이 두드리기
10. 4 재료 버무리기

Finish!!

이렇게 하면 20분만에 만들 수 있어요!

세 가지를 재빨리 만든다

오이를 제외하면 시간이 걸리는 숨죽이기 과정이 없기 때문에 다른 요리는 빨리 만든다. 또 오이를 두드릴 때 밀대가 없으면 병 등을 이용해서 두드리자.

재료(2인분)

참치회 카르파쵸

- 대파(흰 부분) ···················· $^{1}/_{2}$대
- 참치회 ···················· 150g
- 소금, 후추 ···················· 약간씩
- 참기름 ···················· 1T
- A
  - 초간장 ···················· 5T
  - 두반장 ···················· 1t
  - 깨소금 ···················· 1T

만드는 법

1 밑간하기

대파는 흰 부분만 채 썬다. 참치회는 소금, 후추를 뿌린다. A를 그릇에 담아 섞어 놓는다.

2 참치회 굽기

프라이팬에 참기름을 두르고 재어 둔 참치회의 겉면을 구워 찬물에 식힌다.

3 담기

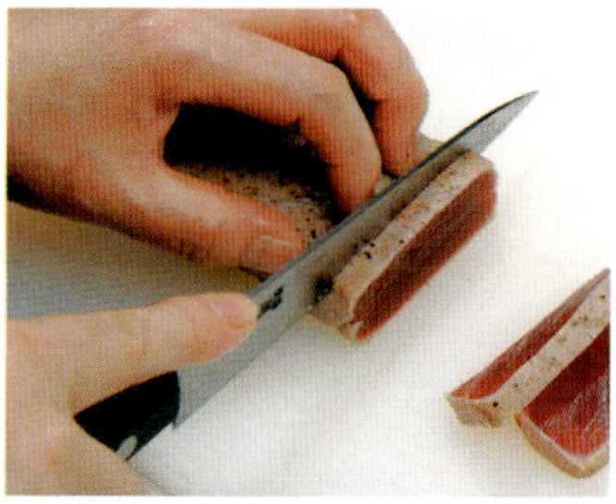

②의 찬물로 식힌 참치회의 물기를 제거하고 얇게 썰어서 그릇에 담고, ①의 A를 뿌린 후 마지막으로 파채를 위에 얹는다.

POINT 참치회는 겉면을 굽는다

참치회는 납작한 모양 그대로 겉면만 굽는다. 이때 너무 익히지 않도록 주의한다.

닭가슴살 수프

- 닭가슴살 ···················· 1개(50g)
- 실파 ···················· 2줄기
- A
  - 닭육수 ···················· 100ml
  - 청주 ···················· 1t
  - 후추 ···················· 약간
  - 계란 흰자 ···················· 1개
- B
  - 닭육수 ···················· 300ml
  - 청주 ···················· 1t
  - 소금 ···················· $^{1}/_{3}$t

만드는 법

1 닭가슴살 자르기

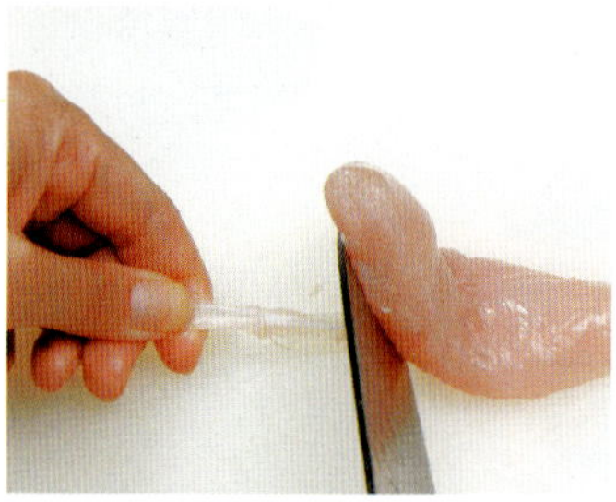

닭가슴살은 힘줄을 제거하고 적당한 크기로 자른다. 실파는 잘게 잘라 놓는다.

2 믹서에 갈기

①의 닭가슴살과 A를 함께 믹서에 간다.

3 냄비에 끓이기

B를 끓여서 ②를 섞어 떠오르면 그릇에 담고 ①의 실파를 위에 뿌린다.

오이절임

- 오이 ···················· 2개
- 소금 ···················· 약간
- A
  - 간장, 식초 ···················· 각 3T
  - 설탕 ···················· 1T
  - 생강, 파 ···················· 각 10g
- 참기름 ···················· 2t

만드는 법

1 재료 썰기

A의 생강은 채 치고 파는 다진다.

2 오이 절이기

오이는 소금을 뿌려서 10분 정도 놔둔다.

3 오이 두드리기

②의 오이를 물로 씻어서 행주로 싼 다음 밀대 등으로 두들겨 2cm 정도로 자른다.

4 재료 버무리기

③의 오이와 A를 그릇에 담아 버무린다.

아이들이 가장 좋아하는

햄버거 정식

20분 Time schedule

1. 브로콜리 익히기
2. 재료 썰기
3. 해초믹스 불리기
4. 토마토 껍질 벗기기
5. 오이 썰기
6. 햄버거 반죽하기
7. 햄버거 굽기
8. 수프 만들기
9. 담기
10. 소스 뿌리기
11. 무치기

(단계 번호 표시: 1, 1, 1, 2, 2, 2, 3, 3, 4, 4, 3)

Finish!!

이렇게 하면 20분만에 만들 수 있어요!

세 가지를 모두 동시에 조리한다

해초 샐러드의 해초믹스를 불리거나 햄버거에 장식할 브로콜리를 전자레인지에서 가열하는 동안에 수프를 만들면 효율적으로 조리할 수 있어요.

재료(2인분)

햄버거

	재료	분량
	브로콜리	4송이
	버터, 소금	약간씩
A	다진 쇠고기	200g
A	소금, 후추, 넛맥(육두구)	약간씩
A	계란물	1/2개
B	양파	50g
B	빵가루	10g
B	우유	2T
	식용유	2T
C	적포도주	100ml
C	우스터소스, 케첩	50ml씩

만드는 법

1 브로콜리 익히기

B의 양파는 다진다. 브로콜리는 내열 용기에 담아 버터와 소금을 넣고 전자레인지에서 3분간 가열한다.

2 햄버거 반죽하기

A를 그릇에 담고 잘 반죽한다. B도 넣어 반죽한다.

3 햄버거 굽기

②를 두 개의 패티로 나누어 빚고 프라이팬에 식용유를 두르고 패티를 굽는다.

4 소스 뿌리기

③의 패티를 뒤집어 반대쪽도 굽는다. C를 넣고 뚜껑을 덮은 후 5분 정도 익힌다. 접시에 담아 소스를 뿌리고 ①의 브로콜리를 장식한다.

계란 토마토 수프

재료	분량
오크라	1개
파	5cm
생강	2개
토마토	1개
닭육수	400ml
소금, 후추	약간
계란	1개

만드는 법

1 재료 썰기

오크라는 소금으로 겉을 문질러서 솜털을 제거하고 작게 썬다. 파와 생강을 얇게 썬다.

2 토마토 껍질 벗기기

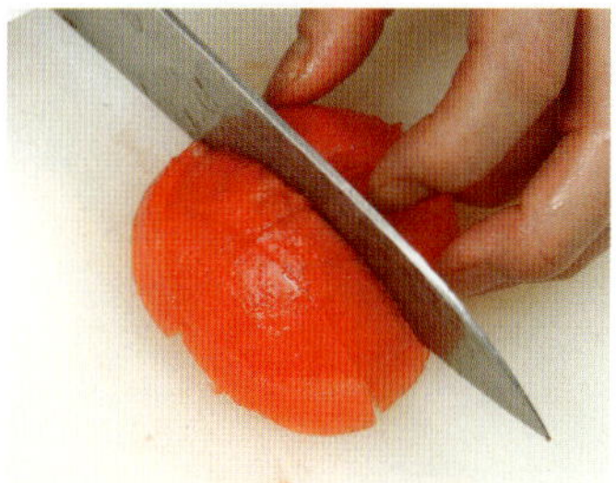

토마토는 꼭지를 따고 십자로 칼집을 낸 후 끓는 물에 데쳐 껍질을 벗긴다. 씨를 제거하고 적당한 크기로 썬다.

3 수프 만들기

냄비에 닭육수와 ①의 생강, 파를 넣고 끓인다. 소금, 후추로 간을 맞추고 풀어놓은 계란을 넣고 끓인다. 불을 끄고 오크라와 토마토를 넣는다.

4 담기

③을 그릇에 담는다.

POINT 씨 빼는 방법

씨를 뺄 때는 포크나 스푼을 이용하면 깨끗하게 제거할 수 있다.

해초 샐러드

	재료	분량
	해초믹스(시판품)	8g
	오이	1/2개
A	참깨드레싱(시판품)	3T
A	와사비(시판품)	1/2t
A	깨	1/2T

만드는 법

1 해초믹스 불리기

해초믹스는 물에 충분히 불리고 건져서 물기를 잘 제거한다.

2 오이 썰기

오이는 반으로 잘라서 가늘게 채 썬다.

3 무치기

A를 섞어서 ①의 해초믹스와 ②의 오이를 함께 무친다.

Memo 편리한 드레싱 사용법

해초샐러드의 드레싱을 만들 때 와사비는 조금씩 넣는다. 한 번에 많이 넣으면 잘 섞이지 않는다.

빠른 요리, 영양 만점

돼지고기 생강볶음 정식

20분 Time schedule

1 톳 불리기 → 1 재료 썰기 → 1 콩나물 데치기 → 2 돼지고기 볶기 → 2 톳 볶기 → 3 양파와 돼지고기 볶기 → 3 재료 익히기 → 4 담기 → 4 담기 → 2 드레싱 만들기 → 3 무치기 → Finish!!

이렇게 하면 20분만에 만들 수 있어요!

두 가지에 고루 신경을 쓰면서 조리한다

돼지고기 생강볶음과 톳볶음은 둘 다 가스레인지를 사용하므로 동시에 익혀서 한 번에 만들어내는 것이 포인트다. 양쪽에 다 신경을 쓰면서 조리하자.

재료(2인분)

돼지고기 생강볶음

양파 ··· $^1/_2$개
양배추 ··· $^1/_8$개
저민 돼지목살 ··· 200g
식용유 ··· 1T
꽈리고추 ··· 6개
A { 간장, 청주 ··· 각각 2T
A { 설탕 ··· $^1/_2$T
A { 다진 생강 ··· 2t
방울토마토 ··· 2개

만드는 법

1 재료 썰기
양파는 세로로 굵게 썰고 양배추는 채 썬다.

2 돼지고기 볶기

프라이팬에 식용유를 두르고 돼지고기를 볶아서 덜어 놓는다.

3 양파와 돼지고기 볶기

②의 후라이팬에 ①의 양파를 넣어 볶다가 ②의 고기를 넣어 함께 볶는다.

4 담기

③에 A와 꽈리고추를 넣어 양념이 잘 베어들게 한다. 채썬 양배추와 함께 담고 꽈리고추와 방울토마토를 곁들인다.

톳볶음

마른 톳 ··· 20g
당근 ··· 50g
어묵 ··· 1장
연근 ··· 20g
참기름 ··· 1T
A { 멸치육수 ··· 200ml
A { 간장, 청주 ··· 2T
A { 설탕 ··· 1T
참나물 ··· 한줌

만드는 법

1 톳 불리기

톳은 미지근한 물에 담가 불린다. 당근은 채썰어 둔다. 어묵도 길게 채썰어 놓는다. 연근은 얇게 썰어 4등분 한 다음 물에 담가 놓는다. 참나물은 2cm 길이로 썬다.

2 톳 볶기

냄비에 식용유를 두르고 톳과 당근을 2~3분 볶는다.

3 재료 익히기

②에 어묵과 A를 넣어 끓으면 연근을 넣고 1~2분 정도 더 익힌 다음 마지막으로 참나물을 넣는다.

4 담기
③을 그릇에 담는다

오이 숙주나물 무침

숙주나물 ··· 100g
소금 ··· 약간
오이 ··· $^1/_2$개
프렌치 드레싱(시판품) ··· 3T
연겨자 ··· $^1/_2$T

만드는 법

1 숙주나물 데치기

숙주나물은 꼬리를 떼서 데친 다음 채반에 받쳐 물기를 제거하고 소금을 뿌려서 식혀둔다. 오이는 가늘게 채 썬다.

2 드레싱 만들기

프렌치 드레싱과 연겨자를 섞는다.

3 무치기

②에 ①의 숙주나물과 오이를 넣어 무친다.

POINT

숙주나물은 씻어서 물에 담가놓는다. 꼬리를 떼면 맛이 더 좋아진다.

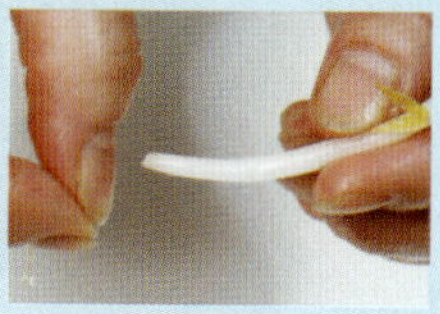

유림의 풍미가 가득 스며든 깊은 맛

유림꽁치 정식

5분 시금치와 베이컨 샐러드

10분 야채 잔멸치 볶음

20분 유림꽁치

20분 Time schedule

1 재료 썰기 → 1 열무 자르기 → 1 베이컨 익히기 → 2 멸치 볶기 → 2 양파 헹구기 → 2 꽁치 다듬기 → 3 열무 볶기 → 3 꽁치 굽기 → 3 재료 무치기 → Finish!!

이렇게 하면 20분만에 만들 수 있어요!

전자레인지를 이용해서 조리시간을 단축한다

베이컨을 익힐 때에 프라이팬이 아닌 전자레인지를 이용하면 가스레인지를 비워둘 수 있으므로 잔멸치를 볶거나 꽁치를 굽는 시간까지 단축할 수 있다.

재료(2인분)

유림꽁치

- 양파 ············ $\frac{1}{4}$개
- 꽁치 ············ 2마리
- 소금, 후추, 청주 ············ 약간씩
- 밀가루 ············ 적당량
- 식용유 ············ 2T
- 유림소스
  - 대파 ············ 5cm
  - 파슬리 ············ 약간
  - 다진 생강 ············ 1T
  - 식초, 설탕 ············ 각 2T
  - 후추 ············ 약간
  - 물 ············ 3T
  - 참기름 ············ 1과 $\frac{1}{2}$T
  - 간장 ············ 3T

만드는 법

1 재료 썰기

양파는 얇게 썰어 물로 헹군다. 유림소스에 쓸 파, 파슬리는 각각 다져 놓는다.

2 꽁치 다듬기

꽁치는 머리와 내장을 제거하고 씻어서 물기를 없앤 다음 석장 뜨기하여 소금, 후추, 청주를 뿌려 밀가루를 묻힌다.

> **POINT** 꽁치는 잘 씻는다
>
> 생선은 내장을 제거한 후에 씻는다. 3토막 낸 후에도 씻으면 물기가 많이 생기므로 씻지 않도록 한다.

3 꽁치 굽기

달군 프라이팬에 식용유를 두르고 ②를 굽는다. 유림소스는 재료를 그릇에 섞은 후 붓는다.

멸치볶음

- 절인 열무 ············ 2줄
- 참기름 ············ 1T
- 멸치 ············ 3T
- 홍고추 ············ 1개
- 참깨 ············ $\frac{1}{2}$T

만드는 법

1 열무 자르기

절인 열무를 5mm 정도로 자르고 물에 헹군 뒤 꼭 짠다.

2 멸치 볶기

프라이팬에 참기름을 두르고 멸치를 볶는다.

3 열무 볶기

②에 홍고추 썰은 것과 절인 열무를 넣고 섞는다. 참깨를 넣은 후 불을 끄고 그릇에 담는다.

> **Memo** 유림소스 활용법
>
> 유림닭이 유명한데 생선, 야채, 두부 등에 응용해 보면 어떨까요? 저장하는 경우는 파슬리, 대파는 넣지 않고 저장합니다. 냉장고에 2~3개월 저장 가능하니 넉넉히 만들어 두고 사용해 보세요.

시금치와베이컨샐러드

- 베이컨 ············ 2장
- 양파 ············ 20g
- 샐러드용 시금치 ············ $\frac{1}{2}$단
- 프렌치 드레싱(시판품) ············ 1T
- 커티지 치즈 ············ 1T

만드는 법

1 베이컨 굽기

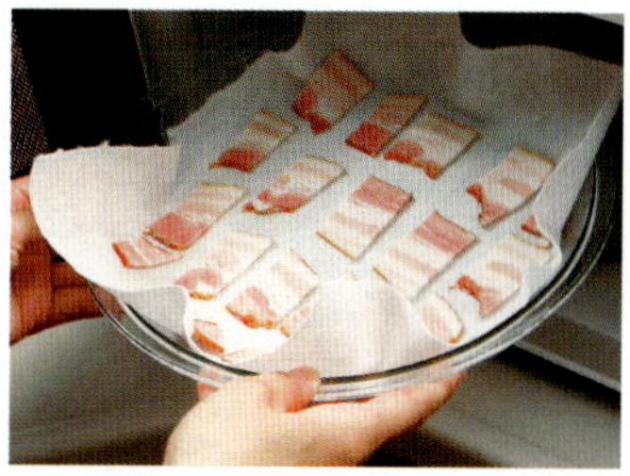

베이컨을 1cm 너비로 잘라 유산지 위에 올려 놓고 전자레인지에서 2분 정도 가열한다. 양파는 썬다.

2 양파 헹구기

①의 양파는 매운맛을 없애기 위해 5분 정도 물에 담가 두었다가 물기를 뺀다. 시금치는 씻어서 적당한 크기로 자른다.

3 재료 버무리기

①과 ②를 프렌치 드레싱으로 버무려서 커티지 치즈를 넣고 그릇에 담는다.

> **POINT** 베이컨은 전자레인지에서 땡!
>
> 
>
> 전자레인지에서 땡! 하는 것만으로 간단히 요리할 수 있다. 지방부분을 떼내지 않고서도 베이컨의 기름기를 유산지가 흡수해 주므로 칼로리를 줄일 수 있다.

일식과 양식이 잘 조화된 상차림

연어 마요네즈구이 정식

20분 Time schedule

1. 무말랭이 불리기
1. 감자 헹구기
1. 연어 굽기
2. 버섯 볶기
2. 재료 썰기
3. 재료 익히기
3. 오븐에 굽기
4. 마무리 하기
2. 재료 볶기
4. 그릇에 담기

Finish!!

이렇게 하면 20분만에 만들 수 있어요!

연어를 구울 때 다른 재료도 같이 굽는다

연어를 구울 때 다른 식재료도 프라이팬의 빈 곳에 구우면 조리시간을 단축할 수 있다. 또 시간이 걸리는 볶음요리도 요령을 알면 빠르고 쉽게 만들 수 있다.

재료(2인분)

연어 마요네즈 구이

재료	분량
연어	2토막
소금, 후추	약간씩
밀가루	적당량
식용유	1T
만가닥버섯	50g
새송이버섯	1개
애호박	1/4개
화이트와인	1T
마요네즈	3T
피자 치즈	30g
바질	약간

만드는 법

1 연어 굽기

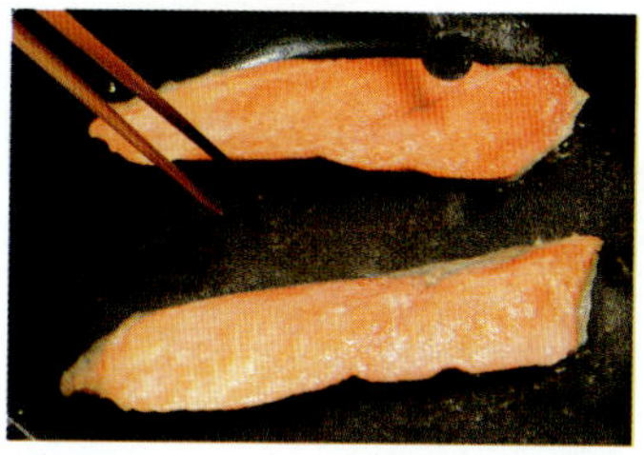

만가닥버섯은 잘게 나눈다. 새송이버섯은 얇게 썬다. 애호박은 납작썰기한다. 연어에 소금, 후추를 뿌려 밀가루를 얇게 묻히고 식용유를 두른 프라이팬에 양면을 고루 익힌다.

2 버섯 볶기

①의 프라이팬의 빈 곳에 만가닥버섯, 새송이버섯, 애호박을 같이 넣어 볶는다.

3 오븐에 굽기

오븐용 쟁반에 유산지를 깔고 ②를 얹은 다음 화이트와인을 뿌리고, 마요네즈, 치즈, 바질을 순서대로 얹어서 오븐토스터에서 치즈가 녹을 정도로 4~5분간 굽는다.

4 그릇에 담아내기

③을 그릇에 담는다. 식어도 맛있게 먹을 수 있다. 내열그릇에 담아 오랫동안 온기를 유지하면 좋다.

무말랭이 볶음

재료	분량
무말랭이	30g
당근	10g
유부	1장
줄콩(green been)	2줄기
식용유	1T
육수	200ml
청주, 설탕	1T
간장	3T

만드는 법

1 무말랭이 불리기

무말랭이는 미지근한 물에 충분히 잠길 정도로 담가놓아 불린다. 깨끗한 물이 나올 때까지 씻어서 잘 짠다.

2 재료 썰기

당근은 채 썰고 줄콩은 어슷썰기한다. 유부는 반으로 잘라 가늘게 채썰어서 뜨거운 물을 부어 기름기를 제거한다.

3 재료 익히기

팬에 식용유를 두르고 ①의 무말랭이를 넣어 볶는다. 육수, 청주, 설탕, 당근, 유부를 넣고 5분 정도 더 익힌다.

4 마무리하기

③에 간장을 두 번에 걸쳐 넣고, 마지막으로 줄콩을 넣어 익으면 불을 끄고 그릇에 담는다.

잔새우와 감자볶음

재료		분량
감자		150g
식용유		1T
A	잔새우(마른 것)	5g
	완두콩(냉동)	1T
	마요네즈	2T
	간장	1T
	소금, 후추	약간씩

만드는 법

1 감자 헹구기

감자를 성냥개비 정도의 크기로 썰어 물에 헹군 후 물기를 제거한다.

2 재료 볶기

달군 프라이팬에 식용유를 두르고 ①의 감자를 볶고 감자가 어느 정도 익으면 A를 넣어 섞는다.

Memo

볶음요리의 요령

볶음요리 할 때 설탕을 먼저 넣고 나서 간장을 두 번에 걸쳐 나누어 넣으면 재료에 서서히 맛이 배어 훨씬 맛이 있어요.

백포도 식초 향이 식욕을 돋구는

카포나타 정식

20분 Time schedule

1. 1 두부 익히기
2. 1 재료 썰기
3. 2 재료 썰기
4. 1 관자에 밀가루 묻히기
5. 2 재료 익히기
6. 3 고기 익히기
7. 4 양념을 넣어 익히기
8. 2 관자 굽기
9. 3 양념장으로 조리기
10. 3 마무리

Finish!!

이렇게 하면 20분만에 만들 수 있어요!

카포나타를 익히는 동안 다른 요리를 한다.

카포나타는 조리시간 20분 중에 10분은 끓이는 시간이므로, 미리미리 준비하면, 익히는 동안 다른 요리를 하는 데 신경을 쓸 수 있다.

재료(2인분)

카포나타

A
- 가지 ··· 1개
- 애호박 ··· $1/2$개
- 파프리카 ··· $1/2$개
- 샐러리 ··· 1줄기
- 양파 ··· 1개

마늘 ··· 1쪽
올리브오일 ··· 2T
안초비 ··· 4마리
토마토 페이스트 ··· 50g
소금, 후추 ··· 약간씩
백포도식초 ··· 1T
수란 ··· 2개

만드는 법

1 재료 썰기

A를 모두 큼직하게 썬다. 마늘은 다진다.

2 재료 익히기

올리브오일을 달군 냄비에 두르고 ①의 마늘과 안초비를 넣어서 익힌다. ①의 A와 토마토페이스트를 넣고 소금, 후추를 친다. 뚜껑을 덮고 중불에서 10분간 가열한다.

3 마무리

②의 맛을 봐 가면서 백포도 식초를 넣은 후 불을 끄고 그릇에 담은 다음 수란을 얹는다.

관자 데리야끼 구이

관자 ··· 4개
소금, 후추, 산초가루 ··· 약간씩
밀가루 ··· 약간
식용유 ··· $1/2$T
청주, 설탕, 간장 ··· 2T씩

만드는 법

1 관자에 밀가루 묻히기

관자의 물기를 제거하고 소금, 후추를 뿌려 밀가루를 묻힌다.

2 관자 굽기

①의 관자를 달군 프라이팬에 식용유를 둘러 양면을 고루 굽는다.

3 양념장으로 조리기

②에 청주와 설탕을 넣고 1~2분 정도 조린다. 마지막으로 간장을 부어 조린 다음 불을 끄고 담아서 산초가루를 뿌린다.

으깬 두부볶음

두부 ··· 1모
파 ··· 10cm
식용유 ··· 2T
저민 쇠고기 ··· 30g
불고기 양념(시판품) ··· 6T
계란 ··· 1개

만드는 법

1 두부 익히기

두부는 종이타월을 깔고 전자레인지에서 5분 정도 가열한 후 손으로 부순다.

2 재료 썰기

파는 1cm 길이로 어슷썰고 파란 부분은 가늘게 어슷썬다.

3 고기 익히기

달군 냄비에 식용유를 두르고 파의 흰 부분과 고기를 넣어 볶는다.

4 양념을 넣어 익히기

불고기 양념을 부어 잘 섞고, ①의 두부를 넣고 계란 푼 것과 파의 푸른 부분을 넣어 익힌다. 다 익으면 불을 끄고 그릇에 담아낸다.

토마토와 은대구의 절묘한 만남

은대구 토마토조림 정식

20분 Time schedule

1. 은대구 밑간하기
1. 파 썰기
1. 청경채 썰기
2. 청경채 데치기
2. 은대구의 수분 제거하기
3. 토마토 익히기
3. 청경채 짜기
2. 고기 반죽하기
3. 완탕 만들기
4. 은대구 익히기
4. 재료 섞기
4. 완탕 익히기

Finish!!

이렇게 하면 20분만에 만들 수 있어요! 시판품을 잘 활용한다

육수에 사용하는 재료는 과립으로 된 조미료 등을 사용하면 조리시간을 단축할 수 있다. 또 토마토 페이스트 등 통조림을 잘 활용하는 것도 조리시간을 줄이는 좋은 방법이다.

재료(2인분)

은대구 토마토조림

은대구 ··········· 90g×2토막
소금 ··········· $^1/_2$t
후추 ··········· 약간
마늘 ··········· 1쪽
붉은 고추 ··········· 1개
토마토 페이스트(250g) ··········· 1캔
소금, 후추 ··········· 약간씩
건조 파슬리 ··········· 1t
새송이버섯 ··········· 1팩
이탈리안 파슬리잎 ··········· 1장
올리브오일 ··········· 3T

만드는 법

1 은대구 밑간하기

은대구 양쪽에 소금을 뿌려 5분 정도 절인다.

2 은대구 수분 제거

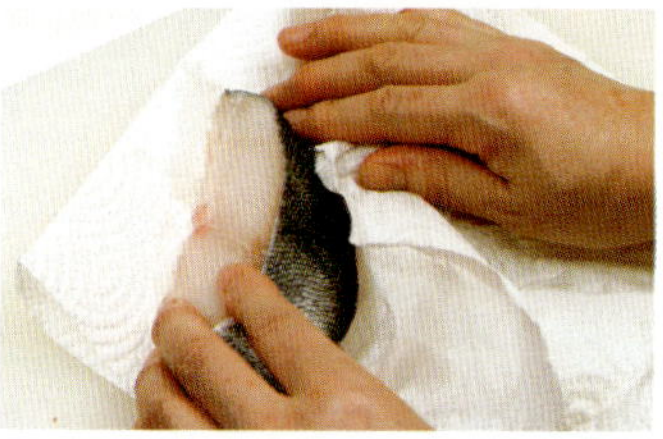

①의 은대구에 뿌린 소금이 녹으면 종이타월로 물기를 제거하고 소금, 후추를 뿌린다. 마늘, 새송이버섯은 얇게 저민다.

3 토마토 익히기

냄비에 올리브오일을 두르고 ②의 마늘, 붉은 고추를 넣은 다음 중불을 켜서 마늘에 약간 색이 배이게 한다. 토마토 페이스트를 넣고 잼 상태가 될 때까지 5분 정도 익혀서 소금, 후추를 뿌리고 건조 파슬리를 넣는다.

4 은대구 익히기

③에 은대구와 새송이버섯을 넣고 중불로 7~8분 정도 익히고 그릇에 담은 후 이탈리안 파슬리잎을 장식한다.

파를 곁들인 완탕

대파 ··········· $^1/_3$대
다진 돼지고기 ··········· 40g
A
- 소금, 후추 ··········· 약간씩
- 술 ··········· $^1/_2$T
- 물 ··········· 1T
- 간장 ··········· $^1/_5$t
- 밀가루 ··········· $^1/_2$t

완탕피 ··········· 8장
B
- 물 ··········· 100ml
- 콘소메(과립) ··········· 1t
- 소금, 후추 ··········· 약간씩
- 간장 ··········· $^1/_2$T

만드는 법

1 파 썰기

대파는 어슷썰기한다.

2 고기 반죽하기

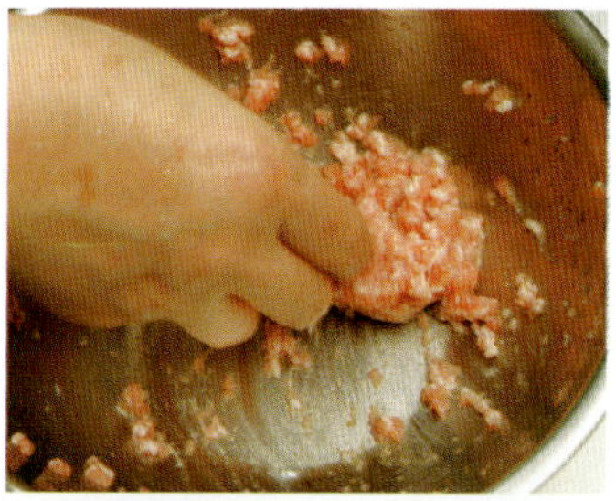

그릇에 다진 돼지고기와 A를 섞어 잘 반죽한다.

3 완탕 만들기

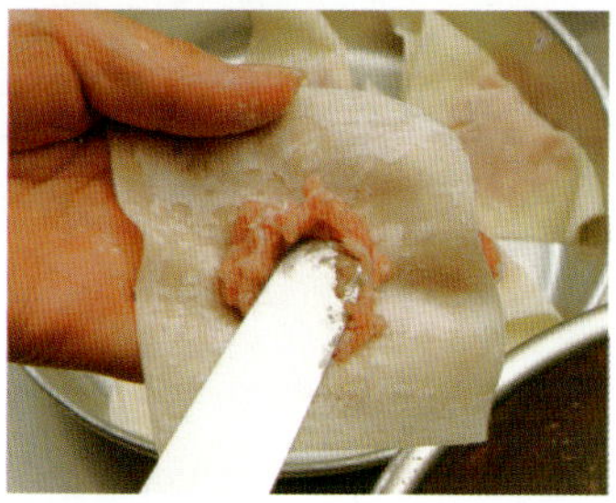

②를 완탕피로 싼다.

4 완탕 익히기

냄비를 불에 올리고, ①의 대파를 볶은 후 B를 넣어서 끓이고 ③을 넣는다. 완탕이 떠오르면 불을 끄고 그릇에 담아낸다.

와사비를 곁들인 청경채

청경채 ··········· 2대
육수 ··········· 50ml
와사비 ··········· $^1/_2$t
구운김 ··········· $^1/_4$장

만드는 법

1 청경채 썰기

청경채를 줄기와 잎으로 나누어 물로 씻은 후 각각 2cm 길이로 자른다.

2 청경채 데치기

끓는 물에 소금을 넣고 청경채를 줄기부터 넣고 차례로 잎을 넣어 데친다.

3 청경채 짜기

②가 다 데쳐지면 찬물에 헹구어 내고 잘 짠다.

4 재료 넣기

와사비에 육수를 조금씩 넣어가면서 섞은 후 간장도 넣고 구운 김을 손으로 부숴가면서 넣는다. ③의 청경채를 함께 넣어 버무린다.

POINT

청경채는 줄기부터 데친다

줄기와 잎을 함께 데치면 고르게 데쳐지지 않으므로 반드시 줄기부터 넣고 잎을 넣는다.

먹음직스럽고 영양밸런스도 만점

돼지고기 당면볶음 정식

5분 죽순 줄콩무침

10분 감자와 양파샐러드

20분 돼지고기 당면볶음

20분 Time schedule

1. 당면 불리기
2. 재료 썰기
1. 재료 썰기
2. 감자 삶기
3. 당면 자르기
4. 돼지고기 익히기
1. 줄콩 데치기
2. 줄콩에 소금간 하기
3. 마요네즈 섞기
4. 마무리
3. 무치기
5. 마무리

Finish!!

이렇게 하면 20분만에 만들 수 있어요!

당면 불리는 시간을 잘 활용하자

돼지고기 당면볶음에 넣을 당면을 불리는 시간이 10분 정도 걸리므로, 그동안 감자와 양파 등 샐러드 재료를 썰거나 물에 담그거나 하면 시간을 적절히 활용할 수 있다.

재료(2인분)

돼지고기 당면볶음

당면 ······························ 20g
마늘쫑 ···························· 4줄기
당근 ······························ 20g
건표고 ···························· 2장
대파 ······························ 2T
돼지고기 ·························· 50g
A { 두반장 ························ 1T
  일본된장 ······················· 1T }
닭육수 ···························· 200ml
B { 청주, 간장 ···················· 1T씩
  후추 ··························· 약간 }

만드는 법

1 당면 불리기

당면은 물에 10분 정도 담가둔다.
대파는 어슷썰기 해둔다.

2 재료 썰기

마늘쫑은 아랫부분 2cm 정도는 버리고 1cm 길이로 썬다. 당근은 잘게 다진다. 건표고는 물에 불려서 채 썬다. 대파는 다진다.

3 당면 자르기

①의 당면을 5cm 길이로 자르고 물기를 제거한다.

4 돼지고기 익히기

달군 프라이팬에 기름을 두르고 돼지고기를 충분히 볶는다. A를 넣어서 향을 내고 닭육수를 넣고 ②와 ③을 넣어 10분 정도 더 익힌다.

5 마무리

④에 B를 넣고 간을 보아 가며 마지막으로 ①의 대파를 넣어 불을 끄고 그릇에 담아낸다.

감자와 양파샐러드

감자 ······························ 150g
양파 ······························ 50g
마요네즈, 초간장 ·················· 2T씩
프렌치 드레싱 ···················· 1T

만드는 법

1 재료 썰기

감자는 깍둑썰기하고 양파는 얇게 썬다.

2 감자 삶기

①의 감자를 물로 헹구고 소금을 넣은 물에 삶은 후 채반에 받쳐 식기 전에 프렌치 드레싱을 뿌린다.

3 마요네즈 섞기

마요네즈와 초간장을 섞는다.

4 마무리

②의 감자와 양파를 ③에 넣어 버무린다.

POINT
프렌치 드레싱은 직접 만든다.

프렌치 드레싱 만드는 법은 81쪽을 참조. 시판품이라도 상관없다.

죽순 줄콩 무침

죽순(통조림) ······················ 30g
줄콩 ······························ 6줄기
깨 ································ 2t

만드는 법

1 줄콩 데치기

줄콩은 3cm 길이로 썰어서 소금을 넣은 끓는 물에 데친다.

2 줄콩 소금에 간하기

①의 줄콩을 채반에 담아 소금을 뿌린다.

3 무치기

②의 줄콩과 죽순을 섞고 깨를 뿌린다.

POINT
파란 야채는 더욱 파랗게

끓는 물에 소금을 넣고 데친다.

일본풍 햄버거로 독특하게

일본풍 햄버거 정식

20분 Time schedule

1. 1 연근 데치기
2. 1 새우 불리기
3. 2 소송채 데치기
4. 2 햄버거 빚기
5. 3 햄버거 익히기
6. 1 재첩 씻기
7. 3 새우 볶기
8. 2 재첩 끓이기
9. 4 마무리
10. 4 담기
11. 3 마무리

Finish!!

이렇게 하면 20분만에 만들 수 있어요!

햄버거 등을 먼저 조리한다

재첩된장은 5분 정도면 만들 수 있으므로 익는 데 시간이 걸리는 햄버거나 데치는 시간이 걸리는 소송채 마른새우볶음 등을 먼저 조리해 두자.

재료(2인분)

일본풍 햄버거

- 연근 ······ 50g
- 식초 ······ $^1/_2$T
- 깻잎 ······ 5장
- 순무 ······ 1개
- 식용유 ······ 2T
- A
  - 다진 돼지고기 ······ 200g
  - 계란 ······ 1개
  - 빵가루 ······ 0g
  - 소금, 후추 ······ 약간씩
- B
  - 국수장국(2배 희석), 물 ··· 각 100ml
  - 식초 ······ 2T
- 브로콜리 ······ 4다발

만드는 법

1 연근 데치기

연근은 얇게 저며서 식초를 넣은 물에 데친 다음 잘게 다져 놓는다. 깻잎은 가늘게 채 쳐둔다. 순무는 6토막으로 썬다.

2 햄버거 만들기

A의 다진 돼지고기는 그릇에 넣고 다른 A와 함께 반죽한다. ①의 연근과 깻잎을 넣고 섞어서 햄버거 패티 두 장을 만든다.

3 햄버거 익히기

달군 프라이팬에 식용유를 두르고 ②를 넣어서 양면을 고루 익힌다. 또 B를 넣고 팬의 비어있는 부분에 브로콜리와 순무를 넣어 5~6분간 익힌다.

재첩된장

- 재첩 ······ 150g
- 물 ······ 2컵
- 다시마(가로세로 3cm) ······ 1장
- 일본 된장 ······ 2T

만드는 법

1 재첩 씻기

재첩은 껍질끼리 비벼가며 깨끗이 씻는다.

2 재첩 끓이기

냄비에 다시마, 물, ①의 재첩을 넣고 끓이다가 입을 벌리면 불을 끈다.

3 마무리

그릇에 된장을 넣고 ②의 국물을 조금씩 넣어가며 푼다. 된장이 다 풀리면 냄비에 옮겨 담고 한소끔 끓인 다음 국그릇에 담는다.

POINT

햄버거와 야채는 함께 익힌다

햄버거에 곁들이는 브로콜리와 순무를 햄버거와 함께 익히면 양념맛이 배어서 맛도 있고 조리시간도 단축된다.

소송채 마른 새우볶음

- 소송채 ······ 8줄기
- 소금, 식용유 ······ $^1/_2$T씩
- 마른 새우(물에 불린다) ······ 1T
- 마늘(저민 것) ······ 1t
- 식용유 ······ 2T
- A
  - 소금 ······ 약간
  - 굴소스 ······ 1t
  - 새우 불린 물 ······ 1T

만드는 법

1 새우 불리기

마른 새우는 뜨거운 물에 담가 불리고 그 물은 버리지 말고 놔둔다. 마늘은 얇게 저민다.

2 소송채 데치기

소송채는 줄기와 잎으로 나누어서 3cm 길이로 자른다. 끓는 물에 소금과 식용유를 넣고 소송채를 데친 다음 물기를 뺀다.

3 새우 볶기

달군 프라이팬에 식용유를 두르고 ①의 마른 새우와 마늘을 넣어 볶는다.

4 담기

③에 A를 넣고 불에서 내려 ②의 소송채를 넣은 후 섞는다.

식어도 맛있는

고등어 된장조림 정식

20분 고등어 된장조림

10분 팽이버섯과 부추 명태알 무침

15분 가지찜 카르파쵸

20분 Time schedule

1 재료 썰기 → 2 고등어에 소금 간하기 → 1 가지 익히기 → 1 팽이버섯 데치기 → 2 부추 데치기 → 3 고등어 익히기 → 2 가지 찢기 → 3 드레싱 만들기 → 4 마무리 → 3 명태알과 무치기 → Finish!!

이렇게 하면 20분만에 만들 수 있어요!

고등어에 소금을 뿌리고 기다리는 동안에 다른 조리를 한다

고등어를 재어 놓는 시간이 5분, 익히는 시간이 5분 걸리므로, 가장 먼저 고등어에 간을 해 두고, 그동안 다른 요리를 해 두자. 또 식어도 맛있게 먹을 수 있는 요리로 구성되어 있으므로 마무리 순서는 편한 대로 한다.

재료(2인분)

고등어 된장조림

대파 ··························· 1대
생강 ··························· 4쪽
고등어(70g) ····················· 2토막
소금 ··························· 적당량
청주, 물 ······················· 50ml씩
설탕 ··························· 1T
맛술 ··························· 2T
일본 된장 ······················ 2T

만드는 법

1 재료 썰기

대파는 3cm 정도의 길이로 큼직하게 썬다. 생강은 얇게 저민다.

2 고등어에 소금간하기

고등어는 배를 반으로 가르고 소금을 약간 쳐서 5분 정도 재어두고, 소금이 녹으면 물로 씻은 후 물기를 잘 제거한다.

3 고등어 익히기

냄비에 청주, 물, 설탕, ①의 생강을 넣고 끓은 다음 ②의 고등어를 넣어 5분간 익힌다.

4 마무리

③에 일본 된장과 맛술을 넣고 대파를 넣어 푹 익힌다. 대파와 함께 담아낸다.

가지찜 카르파초

가지 ··························· 3개
방울토마토 ····················· 3개
안초비 ························· 3개
올리브오일 ····················· 3T
포도식초 ······················· 2T
소금 ··························· 적당량
영양부추 ······················· $^1/_2$팩
통후추 ························· 적당량

만드는 법

1 가지 익히기

가지는 껍질을 얇게 벗겨서 랩에 한 개씩 싸서 전자레인지에서 2분 정도 가열한다. 가열한 후 곧바로 찬물에 식힌다. 방울토마토는 $^1/_4$로 자른다.

2 가지 찢기

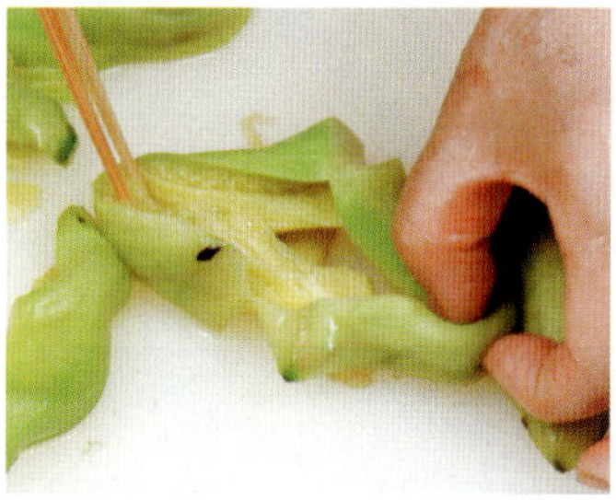

익힌 가지의 물기를 없애고 젓가락으로 찢어서 그릇에 펼쳐 놓는다.

3 드레싱 만들기

안쵸비는 짓이기고 올리브오일과 포도식초를 섞어서 드레싱을 만든다. 간을 보고 싱거우면 소금을 첨가한다.

4 마무리

②의 가지를 그릇에 담고 ③의 드레싱을 뿌린 후 영양부추와 방울토마토를 얹는다. 통후추를 뿌려서 마무리한다.

팽이버섯과 부추 명태알 무침

팽이버섯 ······················· $^1/_2$묶음
소금 ··························· 약간
부추 ··························· $^1/_2$다발
명태알 ························· $^1/_4$개

만드는 법

1 팽이버섯 데치기

팽이버섯은 밑둥을 제거하고 $^1/_2$로 썰어 살짝 데친 후 소금을 뿌린다.

2 부추 데치기

부추는 4cm 길이로 자르고, 살짝 데친 후 소금을 뿌린다.

3 명태알과 무치기

명태알을 흐트려서 ①의 팽이버섯과 ②의 부추를 함께 무친다.

다진 돼지고기를 넣은

양념두부 정식

20분 Time schedule

1 재료 썰기 → 1 미역 씻기 → 2 재료 썰기 → 1 버섯 썰기 → 2 가지 볶기 → 3 미역국 끓이기 → 4 마무리 → 2 버섯 조리기 → 3 마무리

Finish!!

이렇게 하면 20분만에 만들 수 있어요!

요리의 상태를 잘 봐 가면서 한다.

어떤 요리도 조리시간이 많이 걸리는 음식이 아니므로 시간이 없을 때라도 빨리 만들 수 있다. 단, 가스레인지의 여러 불에 다른 요리의 상태를 봐 가면서 태우지 않도록 주의하자.

재료(2인분)

양념두부

- 가지 ······ 1개
- 마른 새우 ······ $^1/_2$T
- 청주 ······ $^1/_2$T
- 올리브오일 ······ 2T
- A
  - 다진 돼지고기 ······ 50g
  - 마늘 ······ $^1/_2$쪽
  - 간장 ······ 1T
  - 두반장 ······ 1t
  - 소금, 후추 ······ 약간씩
- 연두부 ······ 1모
- 향신채 ······ 적당량

만드는 법

1 재료썰기

가지는 1cm로 깍둑썰기한다. 마른새우는 청주에 10분 정도 담갔다가 건져서 다진다. A의 마늘도 다져 놓는다.

2 가지볶기

①의 가지를 올리브오일로 볶고, A를 첨가해 마저 볶는다.

3 마무리

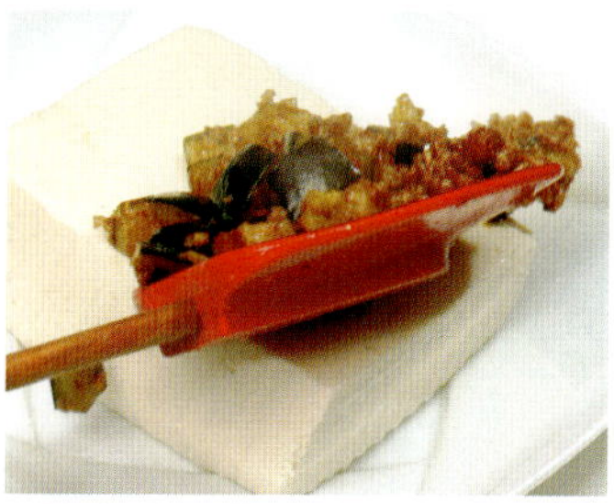

연두부를 그릇에 담고 ②를 끼얹은 후 향채로 장식한다.

미역국

- 미역 ······ 20g
- 대파 ······ 약간
- 참기름, 간장 ······ 약간씩
- 물 ······ 400ml
- 육수용 조미료 ······ $^1/_2$T
- 참치캔(non oil) ······ 50g

만드는 법

1 미역씻기

미역을 씻는다.

2 재료썰기

①의 미역은 다지고 대파는 잘게 썬다.

3 미역국 끓이기

냄비에 참기름을 두르고 미역을 볶은 다음, 간장, 물, 육수용 조미료를 넣고 끓으면 참치캔을 넣는다.

4 마무리

③을 약불에서 5분 정도 더 끓인 후 ②의 대파를 넣고 소금으로 간을 한다.

버섯조림

- 각종 버섯(팽이버섯, 만가닥버섯, 새송이버섯) ······ 300g
- A
  - 홍고추 ······ 1개
  - 물 ······ 60ml
  - 청주, 간장 ······ 1T와 $^1/_2$T
  - 맛술 ······ 1T

만드는 법

1 버섯썰기

각종 버섯은 각각 씻어서 먹기 좋은 크기로 썬다.

2 버섯 조리기

①의 버섯과 A를 모두 냄비에 담고 양념장이 거의 없어질 때까지 조린다.

Memo

많이 만들어 저장해 놓는다.

버섯조림은 냉장고에서 1주일, 냉동고에서 1개월은 저장가능하다. 무침류, 볶음류 등 여러가지 활용할 수 있다.

10분만에 만드는 아침상차림

일하는 엄마가 아니라도 바쁜 아침. 시간을 투자할 여유조차 없는 일하는 엄마에게 스피드 아침상차림을 소개합니다.

기분 좋은 식감

쫀득쫀득한 피자 정식

10분 Time schedule

1	1	2	2	3	3	3	4
미역 불리기	양파 썰기	파 썰기	토핑 만들기	간 하기	끓이기	떡 위에 얹기	전자레인지에 가열하기

이렇게 하면 10분만에 만들 수 있어요!

미역 불리는 시간을 활용하자

미역은 물에 담가 불리는 시간이 다소 걸리므로 그 시간을 활용하여 야채를 썰어 놓는다. 국물도 미리 불에 올려 놓으면 시간이 단축된다.

재료(2인분)

쫀득쫀득 피자

양파 ········ $^1/_4$개
참치캔 ········ $^1/_2$캔
마요네즈 ········ 2T
간장 ········ 1t
찹쌀떡 ········ 4개
피자치즈 ········ 한 줌

만드는 법

1 양파 썰기
양파를 얇게 썬다.

2 토핑 만들기

①과 참치, 마요네즈, 간장을 섞어서 토핑을 만든다.

3 떡 위에 얹기

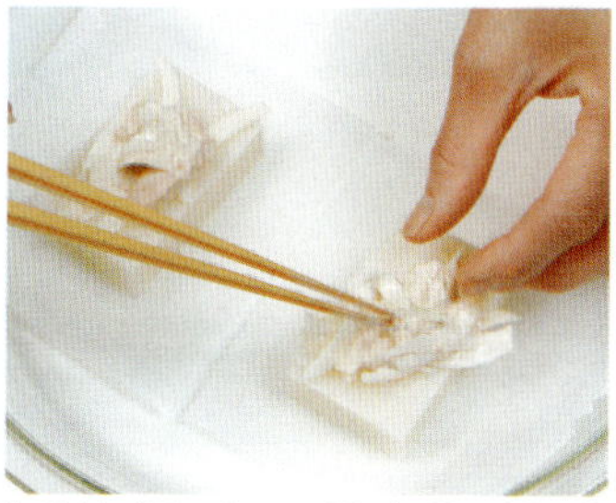

내열그릇에 유산지를 깔고, 떡을 놓은 다음 ②와 치즈를 얹는다.

4 전자레인지에 가열하기

전자레인지에서 30초 정도 가열하여 치즈가 녹으면 그릇에 담는다.

Tip 떡을 전자레인지에 데울 때 내열그릇에 유산지를 깔면 떡이 그릇에 달라붙지 않고 잘 떨어져서 뒤처리가 쉬워진다.

오크라무침

오크라 ········ 4개
소금 ········ 약간
간장 ········ 1t
가다랭이포 ········ 약간

만드는 법

1 오크라 데치기

끓는 물에 소금을 약간 넣고 오크라를 데친다.

2 오크라 썰기

오크라를 잘게 썬다.

3 무치기

오크라와 간장, 가다랭이포를 골고루 무쳐서 그릇에 담는다.

Tip 오크라는 일본에서 많이 이용하는 여름채소이다. 고추 등 아삭한 식감이 있는 야채로 대체할 수 있다.

미역국

미역 ········ 20g
대파 ········ 약간
참기름, 간장 ········ 약간씩
물 ········ 400ml

만드는 법

1 미역 불리기

자른 미역을 물에 불린다.

2 파 썰기

대파를 잘게 썬다.

3 끓이기

모든 재료를 냄비에 넣고 끓인 후 그릇에 담는다.

Memo

미역에는 비타민이 풍부

미역에는 비타민 B_1, B_2, C, 카로틴, 칼슘 등이 고루 들어 있어 그 영양성분이 야채 못지않다. 하루를 시작하는 아침식사에 미역으로 영양을 보충하자.

건강을 먼저 생각하는 웰빙식탁

해초 유부초밥 정식

10분 Time schedule

1. 조미료 넣기
1. 유부소 만들기
2. 밥모양 만들기
3. 유부피에 채우기
1. 브로콜리 익히기
2. 소스 만들기
3. 무치기
2. 계란 넣기

Finish!!

이렇게 하면 10분만에 만들 수 있어요!

냉동저장식품을 잘 활용하자

브로콜리는 데쳐서 미리 조그맣게 나누어 냉동해 놓으면 자르는 시간을 단축할 수 있다. 또 오랫동안 저장할 수 있으므로 필요한 양만큼 쓸 수 있어서 아주 편리하다.

재료(2인분)

해초 유부초밥

- 밥 ······ 2공기
- 소금 ······ 약간
- 해초(시판품) ······ 50g
- 조미유부(시판품) ······ 6장

만드는 법

1 유부소 만들기

그릇에 따뜻한 밥, 소금, 해초를 넣고 잘 섞는다.

2 밥모양 만들기

유부피의 크기에 맞게 ①의 밥으로 모양을 만든다.

3 유부피에 채우기

유부피에 ②를 넣고 손으로 잘 오므려 모양을 잡은 후 그릇에 담는다.

Tip 조미유부피의 양념을 밥에 짜 넣으면 더욱 맛있다. 양념의 신맛이 강할 때는 설탕을 조금 넣는다.

브로콜리 명태알무침

- 브로콜리(냉동) ······ 60g
- 명태알 ······ 1개
- 마요네즈 ······ 1T

만드는 법

1 브로콜리 익히기

브로콜리를 전자레인지에서 20초 정도 해동한다.

2 소스 만들기

흩트린 명태알과 마요네즈를 섞는다.

3 무치기

그릇에 ①과 ②를 넣고 무쳐서 그릇에 담는다.

Tip 브로콜리를 해동하는 동안 소스를 만들어 놓는다. 과정이 간단해서 금방 만들 수 있다.

계란국

- 멸치 다시마 육수 ······ 400ml
- 소금 ······ 약간
- 간장 ······ 1t
- 계란 ······ 1개

만드는 법

1 조미료 넣기

멸치 다시마 육수에 소금, 간장을 넣고 끓인다.

2 계란 넣기

끓으면 풀어 놓은 계란을 넣고 휘휘 저으면서 재빨리 불을 끈다.

Memo

계란국은 되도록 먹기 직전에

계란국은 시간이 지나면 굳으므로 부드럽고 맛있는 계란국을 먹으려면 가능한 한 식사시간 직전에 끓여내는 것이 좋다.

아침으로 빵을 즐기는 영양만점 식단

핫도그 정식

3분 시금치와 삶은달걀 샐러드

3분 크림콘수프

3분 핫도그

10분 Time schedule

1. 1 수프가루 넣기
2. 2 크림콘 넣기
3. 1 시금치 익히기
4. 1 소시지 익히기
5. 2 양상추 채썰기
6. 2 계란 자르기
7. 3 재료 섞기
8. 3 빵에 양상추 채우기
9. 4 소시지 끼우기
10. 3 계란 풀어 넣기
11. 4 부추 뿌리기

Finish!!

이렇게 하면 10분만에 만들 수 있어요!

전자레인지를 이용해서 시간을 단축시킨다

소시지는 전자레인지에서 가열하면 가스레인지에서 익히는 것 보다 빨리 익는다. 야채류도 미리 데쳐서 얼려 놓으면 전자레인지에서 해동하는 것만으로 끝날 수 있다.

재료(2인분)

핫도그

소시지 ···························· 2개
양상추 ···························· 1장
핫도그용 빵 ························ 2개
케찹 ···························· 적당량

만드는 법

1 소시지 익히기
소세지에 칼집을 넣고 온수와 함께 전자레인지에서 20초 정도 데운다.

2 양상추 채썰기

양상추를 채 썬다.

3 빵에 양상추 채우기

핫도그용 빵에 양상추를 채운다.

4 소시지 끼우기

③에 소시지를 끼우고, 케찹을 뿌려 그릇에 담는다.

Tip 소시지는 전자레인지에서 가열하면 터질 우려가 있으므로 미리 칼집을 넣는다.

시금치와삶은달걀샐러드

시금치(냉동) ······················ 1다발
삶은 달걀 ························ 1개
마요네즈, 소금, 후추 ··············· 적당량

만드는 법

1 시금치 익히기

시금치를 전자레인지에서 가열한다.

2 계란 자르기

삶은 달걀을 큼직하게 썬다.

3 재료 섞기

①과 ②를 그릇에 담고 마요네즈, 소금, 후추를 넣고 버무려 그릇에 담는다.

Tip 재료를 써는 작업을 이어서 하면 시간이 단축될 뿐만 아니라 뒷처리도 빨리 할 수 있다.

크림콘수프

물 ······························ 200ml
치킨 수프가루 ······················ 2t
크림콘(캔, 시판품) ·········· 1캔(작은것)
계란 ······························ 1개
소금, 후추 ······················ 적당량
부추 ···························· 적당량

만드는 법

1 수프가루 넣기

물을 데워서 치킨 수프가루를 넣는다.

2 크림콘 넣기

①에 크림콘을 넣는다.

3 계란 풀어넣기
끓으면 ②에 풀어놓은 계란을 넣고 휘휘 젓는다.

4 부추 넣기

소금, 후추로 간을 맞추고 잘게 다진 부추를 넣어 그릇에 담는다.

Tip 하루 전에 끓인 물을 그릇에 담아두거나 캔제품의 내용물을 그릇에 옮겨서 냉장해 놓으면 시간을 단축할 수 있다.

저장 후 바로 활용할 수 있는 편리한 레시피

오징어, 양파, 양배추 등 저장 후 바로 활용할 수 있는 편리한 레시피를 대공개!!

오징어

다듬어서 껍질을 벗긴다

보존기간 냉동 2주일

1. 배를 가른다

칼을 이용하여 배를 가른다.

2. 껍질을 벗긴다

잘 미끄러지므로 키친타올을 이용해서 껍질을 벗긴다.

오징어를 데친다.

보존기간 냉동 2주일

1. 귀와 다리를 데친다

끓는 물에 오징어의 머리와 다리를 넣어 데친다

2. 색이 바뀌면 꺼낸다

오징어의 색깔이 바뀌면 꺼낸다.

냉동보관의 기본

랩을 이용하여 저장한다

날것은 상하기 쉬우므로 반드시 공기가 통하지 않도록 랩으로 싸서 저장한다.

조림장이 듬뿍 베어든

오징어 조림

재료 (2인분)

오징어(몸통부분, 날것으로 냉동보관한 것)	$^3/_4$마리
국수장국	100ml
부추	1줄기

만드는 법

1

표면에 격자무늬로 칼집을 넣고 먹기 좋은 크기로 자른다.

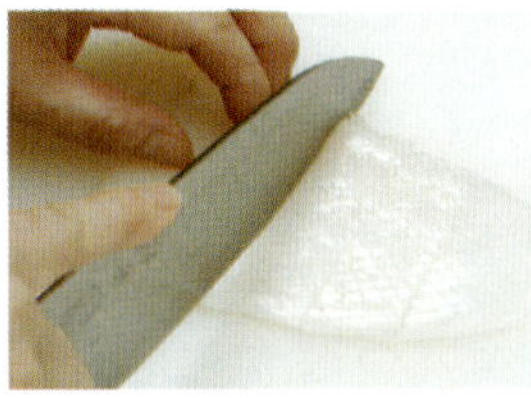

2

냄비에 국수장국을 넣고 끓인 후 **1**의 오징어를 넣고 2~3분간 익힌다.
오징어를 꺼내고 남은 국물을 중불에서 3~4분간 더 조린 후 오징어를 다시 넣어 조린다.
접시에 담고 다진 부추를 얹는다.

카레향이 입맛을 당기는

오징어 카레튀김

재료 (2인분)

오징어(다리, 귀) ········ 적당량
카레가루, 간장 ········ $^{1}/_{2}$t씩
밀가루 ········ 적당량
식용유 ········ 3T

만드는 법

1
데친 오징어를 먹기 좋은 크기로 자르고, 그릇에 카레가루, 간장을 넣어 오징어를 버무린 다음 밀가루를 묻힌다.

2
달군 프라이팬에 식용유를 두르고 **1**을 3~4분 튀긴다.

영양만점 발효콩을 넣은

오징어 낫토무침

재료 (2인분)

오징어(몸통부분, 냉동저장한 것) ········ $^{1}/_{4}$마리
낫토(발효시킨 콩) ········ 1팩
간장 ········ 1t
대파(다진 것) ········ 1T

만드는 법

1
가늘게 채 썬 오징어와 낫토를 그릇에 담고 젓가락으로 잘 섞는다.

2
잘 섞였으면 간장을 붓고 다시 섞는다. 그릇에 담은 후 대파를 위에 얹는다.

양파

보존기간
냉동 2개월

갈색이 될 때까지 볶아서 저장한다.

1. 프라이팬에서 볶기

달군 프라이팬에 버터를 녹여 얇게 썬 양파를 넣고 볶는다.

2. 주걱으로 섞기

전체적으로 익을 수 있게 주걱으로 잘 섞는다.

3. 갈색이 날 때까지 볶기

약불에서 천천히 갈색이 날 때까지 볶는다.

4. 용기에 담기

열을 식히기 위해 스테인레스 용기 등에 옮겨 담는다.

냉동보관의 기본

조금씩 나누어서 랩으로 밀봉한다

랩에 쌀 때에는 조금씩 나누어 두면 다음에 쓸 때 빨리 떼어낼 수 있다.

보글보글 끓는

그라탕 수프

재료 (2인분)

재료	분량
양파(갈색이 날 때까지 볶아서 저장한 것)	100g
육수용 조미료	2t
소금, 후추	약간씩
물	140ml
크루통	2T
파마산 치즈	2T

만드는 법

1

물과 육수용 조미료를 냄비에 넣고 양파를 넣어 끓인다. 소금, 후추로 간을 조절하고 내열용기에 담는다.

2

크루통, 파마산 치즈를 뿌리고 오븐토스터에서 5분 정도 굽는다.

노란 계란옷을 입힌

양파 피카타

재료 (2인분)

양파 ………… $1/2$개
소금, 후추 ………… 약간씩
밀가루 ………… 적당량
식용유 ………… 적당량
A { 계란 노른자 ………… 1개
  { 가루치즈, 마요네즈 ………… 1T

만드는 법

1
양파를 4등분해서 흩어지지 않도록 꼬지에 끼워 놓고, 소금, 후추를 뿌린 후 밀가루를 묻힌다.

2
달군 프라이팬에 식용유를 두르고 A를 섞어서 **1**에 묻힌 후 지진다.

푹 익혀서 깊은 맛

양파 카레

재료 (2인분)

카레소스(시판품)
양파(갈색으로 볶은 후 저장한 것) ………… 100g
밥 ………… 적당량

만드는 법

1
재료의 분량은 카레(시판품)의 안쪽에 기재되어 있는 대로 하여 만든다.

2
건더기가 부드러워지면 양파와 카레소스를 넣고 5분 정도 익혀서 그릇에 밥과 함께 담아낸다.

양배추

보존기간 냉장 1주일

심을 파내고 젖은 키친타월을 채운다

1. 심 자르기
칼을 이용해서 심을 자른다.

2. 심 파내기
칼끝을 이용하여 파낸다.

3. 키친타월을 물에 적셔 채운다.

4. 신문지에 감싼다
남은 양배추는 신문지에 싼다.

냉장보관의 기본

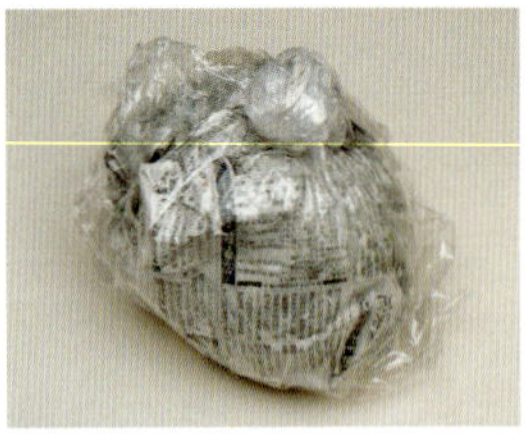

비닐봉지 속에 넣어둔다

양배추는 촉촉함을 유지하기 위해 신문지에 싼 후 비닐봉지에 넣어서 냉장보관한다.

웰빙재료로 만든 산뜻한 맛

양배추 다시마무침

재료 (2인분)

- 양배추 ······ 1장
- 소금 ······ 1t
- 다시마 ······ 5g

만드는 법

1
양배추는 채 친 다음 그릇에 넣고 소금을 뿌린다. 조물조물 무쳐서 간을 한 후 물기를 없앤다.

2
그릇에 채 친 다시마를 넣고 1과 함께 무친다.

고소한 깨 향이 입안에 감도는

양배추 깨무침

재료 (2인분)

양배추잎 ··· 60g(큰 것 1장)
소금 ··· 적당량
A { 깨 ··· $1\frac{1}{2}$T
간장 ··· 1T
식초 ··· 1T
설탕 ··· 2t }

만드는 법

1

양배추를 큼직하게 썰고 살짝 데친다. 체에 옮겨 물기를 제거하고 소금을 뿌린 후 잘 짜 놓는다.

2

그릇에 **1**과 A를 넣고 무친다.

맛과 향이 매력적인

황새치 된장구이

재료 (2인분)

양배추 ··· 50g
황새치 ··· 한 토막
피망 ··· $\frac{1}{4}$개
마늘 ··· 20g
A { 일본된장 ··· 3T
청주 ··· 1T
설탕(된장맛에 따라 가감한다) ··· 1t }

만드는 법

1

양배추는 큼직하게 썰고 오븐용기에 담는다. 황새치는 4등분으로 썬다. 피망, 마늘은 채 썬다.

2

①의 양배추 위에 황새치와 ②의 피망과 마늘을 얹는다. 섞어 놓은 A를 위에 뿌리고 오븐토스터로 7~8분 정도 구워낸다.

무

보존기간 냉장 1주일

잎을 떼고 신문지로 감싼다

1. 잎을 자른다

잎은 잘라 낸다.

2. 신문지를 준비한다

신문지를 한 장 넓게 펴서 무를 올려놓는다.

3. 무를 싼다

신문지로 무를 싼다.

4. 무가 안보이면 끝

사진과 같이 전체적으로 다 가려지게 싼다.

냉장보관의 기본

큼직한 비닐봉지에 담는다

무를 냉장고에서 보관할 때는 신문지에 싼 후 큼직한 비닐봉지에 담아 놓는다.

짭쪼롬한 맛

무간장절임

재료 (2인분)

	무(5cm 길이)	1개
A	물	300ml
	소금	2T
B	간장, 식초	3T씩
	설탕	2t
	다시마(2cm)	적당량

만드는 법

1

무의 껍질을 벗기고 1cm 두께로 길게 깍둑썬다. A를 넣은 그릇에 5분 정도 절이고 채반에 옮겨서 물기를 뺀한다.

2

그릇에 **1**의 무를 담고 B를 잘 섞어서 붓는다. 양념이 잘 스며들면 그릇에 옮겨담는다.

매실장아찌의 새콤한 맛과 무의 달콤함이 잘 조화된

매실 무 무침

재료 (2인분)

- 무(5cm 길이) ····· 1개
- A { 물 ····· 150ml
- A { 소금 ····· $1\frac{1}{2}$T
- 매실장아찌 ····· 2개
- 맛술, 간장 ····· $\frac{1}{2}$t씩

만드는 법

1

무는 3mm 두께로 나박썰기 하고 A에 5분 정도 담근 후 물로 씻어서 물기를 제거한다.

2

씨를 빼고 으깬 매실장아찌를 그릇에 담는다. 맛술과 간장을 넣어서 **1**을 무친다.

참기름 향이 고소한

무청 볶음

재료 (2인분)

- 무청 ····· 50g
- 참기름 ····· 1T
- A { 맛술, 간장 ····· 약간씩
- A { 홍고추 ····· 1T
- A { 깨 ····· 적당량
- A { 잔멸치 ····· 30g

만드는 법

1

잘게 썬 무청을 데친 후 물기를 제거한다.

2

달군 프라이팬에 참기름을 두르고 **1**의 무청과 A를 살짝 볶는다.

토마토

데쳐서 껍질을 벗긴다

보존기간 냉장 3일간

1. 끓는 물에 살짝 데친다

끓는 물에 꼭지를 딴 토마토를 넣고 살짝 데친다.

2. 껍질을 벗긴다

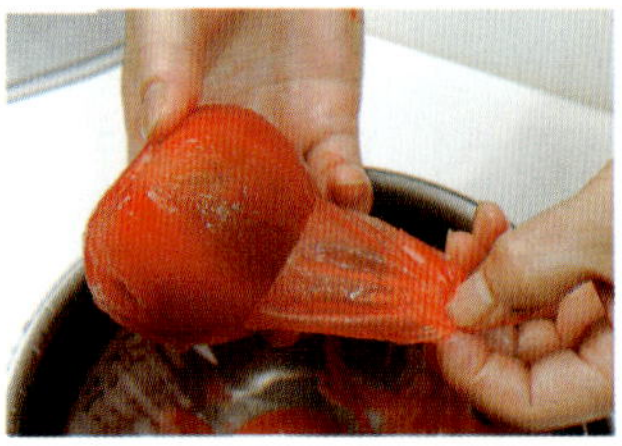

토마토를 꺼내서 손으로 껍질을 벗긴다.

냉동 토마토는 물에 담가놓는다

보존기간 냉동 2개월

1. 상온의 물에 담근다

냉동보관한 토마토는 그릇에 물을 붓고 그 속에 담근다.

2. 칼로 껍질을 벗긴다

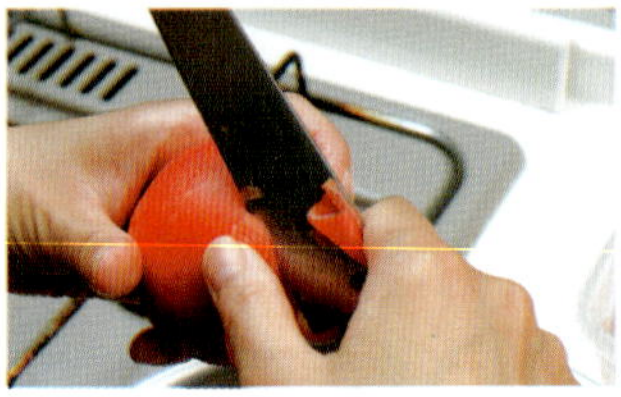

해동되면 손으로 껍질을 벗긴다. 또 칼을 사용해서 껍질을 벗겨도 무방하다.

냉동보관의 기본

기본은 냉동보관

토마토는 지퍼백에 넣어서 냉동보관한다. 냉동보관한 토마토는 약 2개월간 보존이 가능하다.

진한 맛이 일품인

쇠고기 토마토 스튜

재료 (2인분)

	토마토(냉동 또는 냉장보관한 것)	2개
	버터	적당량
A	쇠고기 슬라이스	150g
A	양파	100g
A	느타리버섯	100g
B	케첩	2T
B	소금	1t
B	후추	적당량
B	닭육수	400ml

만드는 법

1

냄비에 버터를 녹여서 A를 볶는다. A의 양파가 투명해지면 B를 넣어서 15분 정도 익히고 토마토를 넣는다.

2

토마토를 넣은 후 뚜껑을 닫고 중불로 더 익힌다. 토마토가 부드러워지면 모두 섞어서 10분 정도 더 익힌다.

간단하게 즐기는

토마토 샐러드

재료 (2인분)

토마토(냉장, 또는 냉동한 것) ················· $^1/_2$개
양파 ·· $^1/_8$개
간장드레싱(시판품) ························ 적당량
이탈리안 파슬리 ··························· 적당량

만드는 법

1

토마토를 얇게 썰어 그릇에 가지런히 담는다.

2

다진 양파와 간장드레싱을 섞어서 1에 끼얹는다. 이탈리안 파슬리를 얹어서 담아낸다.

집에서 즐기는 본격 이탈리안 요리

모짜렐라 샐러드

재료 (2인분)

토마토(냉장, 또는 냉동한 것) ················· 1개
모짜렐라 치즈 ······························ 1개
샐러드용 야채 ······························ 1팩
프렌치드레싱(시판품) ······················ 3T
부추 ······································· 적당량

만드는 법

1

데쳐서 1cm 너비로 깍둑썰기한 토마토와 모짜렐라 치즈를 그릇에 담는다.

2

토마토와 모짜렐라 치즈에 프렌치 드레싱을 넣어 잘 버무린 후 샐러드용 야채 위에 담고 잘게 다진 부추를 흩뿌린다.

시금치

보존기간 **냉동 1개월**

데쳐서 먹기 좋게 썰어 놓는다

1. 소금을 넣어서 데친다

끓는 물에 소금을 약간 넣고 데친다.

2. 채반에 옮겨 식힌다

찬물에 담가 완전히 식힌다.

3. 물기를 제거한다

식으면 물기를 꼭 짠 다음 반으로 자른다.

4. 4등분한다

다시 반씩 잘라서 4등분한다.

냉동보관의 기본

랩에 싸서 보관한다

조금씩 나누어 적당한 온도에서 냉동보관한다.

달콤하고 고소한 향이 일품인

시금치 나물

재료 (2인분)

시금치 (냉동보관된 것을 해동한 것) ·········· 100g
A – 깨소금, 깨, 간장, 설탕 ················· 각 1T씩

만드는 법

1

A를 그릇에 넣고 잘 섞는다.

2

시금치를 넣고 A와 함께 무쳐 그릇에 담는다.

스테미너 만점인

시금치 마늘볶음

재료 (2인분)

- 시금치(작은단) ······ 1묶음
- 마늘(슬라이스) ······ 1쪽
- 식용유 ······ 1T
- 물 ······ 50ml
- 소금 ······ 1/2t

만드는 법

1

해동한 시금치를 4cm 길이로 잘라서 물로 깨끗이 씻는다.

2

달군 프라이팬에 식용유를 두르고 **1**을 넣는다. 전체적으로 기름이 돌면 물과 소금을 넣고 뚜껑을 닫는다. 시금치가 숨이 죽으면 그릇에 옮겨 담는다.

산뜻한 한입

시금치 유부말이

재료 (2인분)

- 시금치(냉동보관한 것을 해동시킨 것) ······ 100g
- 간장기름 ······ 1T
- 조미유부 ······ $^1/_2$장

만드는 법

1

그릇에 잘게 썬 시금치와 간장기름을 넣고 잘 섞는다.

2

유부를 2장으로 벗겨서 1을 만다. 프라이팬에서 살짝 구워 2등분으로 썬다.

닭안심

냉동보관의 기본

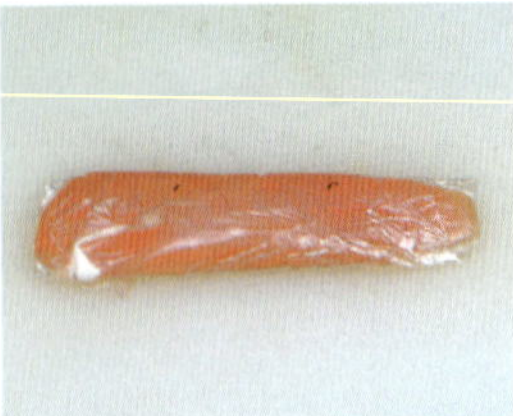

랩에 싸서 보관한다

날것은 상하기 쉬우므로 랩으로 단단히 싸서 저장한다.

보존기간 냉동 1개월

랩으로 싼다

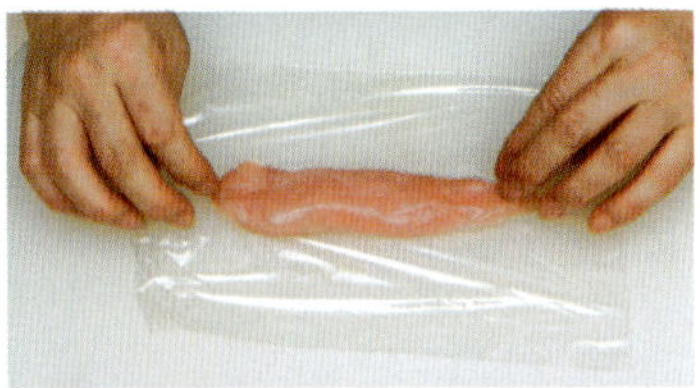

1. 랩 위에 얹는다

랩을 깔고 닭안심을 랩 위에 얹는다

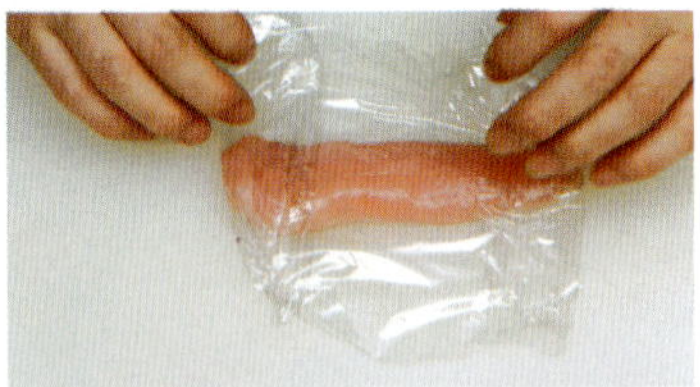

2. 랩 끝을 접는다

랩의 끝을 안쪽으로 접어서 여분을 없앤다.

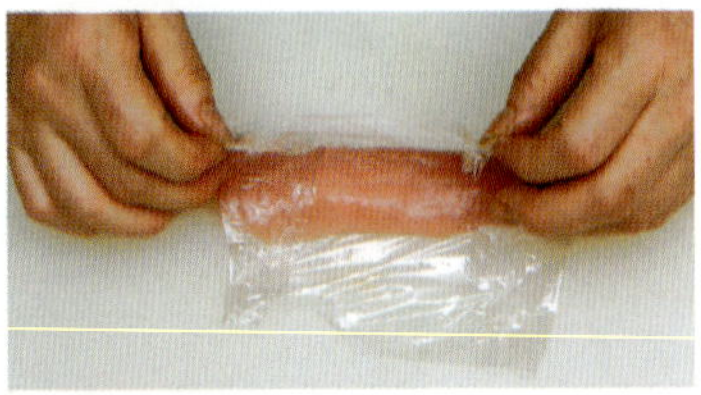

3. 랩의 끝에서부터 싼다

랩의 끝부터 닭안심을 싸 나아간다.

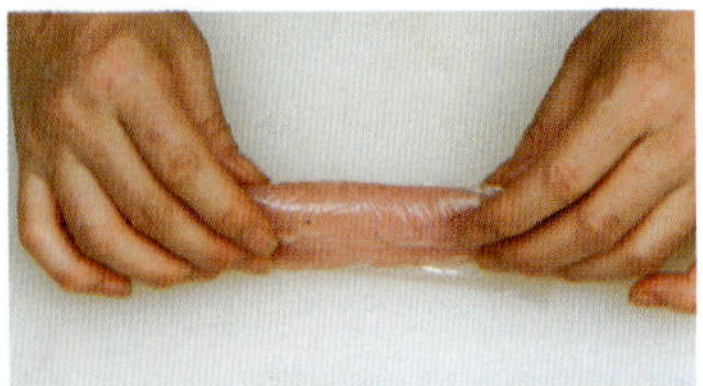

4. 밀봉한다

공기가 들어가지 않도록 단단히 밀봉한다.

아삭아삭 식감이 좋은

닭안심 샐러드

재료 (2인분)

A	닭안심(냉동보관한 것을 해동한 것)	2개
	청주	1T
	대파(파란 부분)	1대
	생강	1토막
오이		$^{1}/_{2}$개
무		3cm
참깨드레싱(시판품)		적당량

만드는 법

1

A를 내열용기에 담아 랩을 씌워 전자레인지에서 2분 정도 가열한다. 식으면 닭안심을 잘게 찢는다.

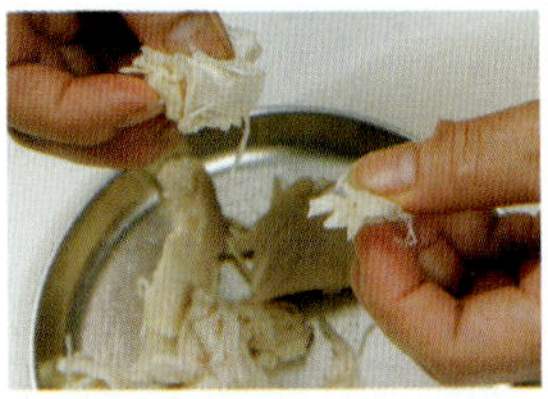

2

오이와 무는 채 썰어서 물에 헹군 다음 채반에 옮겨 물기를 빼고 그릇에 담는다. 그 위에 1의 닭안심을 얹는다. 참깨드레싱을 끼얹는다.

부드러운 소스와 튀김의 만남

닭안심 구이

재료 (2인분)

- 닭안심(냉동보관한 것을 해동한 것) ·········· 2개
- 청주, 간장 ·································· 1T씩
- 밀가루 ···································· 적당량
- 식용유 ······································· 3T
- 양파(슬라이스) ····························· $^{1}/_{4}$개
- 국수장국(2배 희석) ·························· 3T

만드는 법

1

닭안심은 3등분하고 청주와 간장을 부어 잰다.

2

1에 밀가루를 묻혀 식용유로 양면을 고루 굽는다. 슬라이스한 양파 위에 얹고 국수장국을 끼얹는다.

매실의 향긋함이 배어 있는

닭안심 매실구이

재료 (2인분)

- 닭안심(냉동보관한 것을 해동한 것) ············ 2개
- 매실장아찌 ······································ 1개
- 파슬리가루 ····································· 20g
- 간장 ·· 약간
- 만가닥 버섯, 꽈리고추 ······················ 적당량

만드는 법

1

닭안심을 3등분으로 잘라서 꼬지에 끼운다. 간장을 뿌려 놓는다.

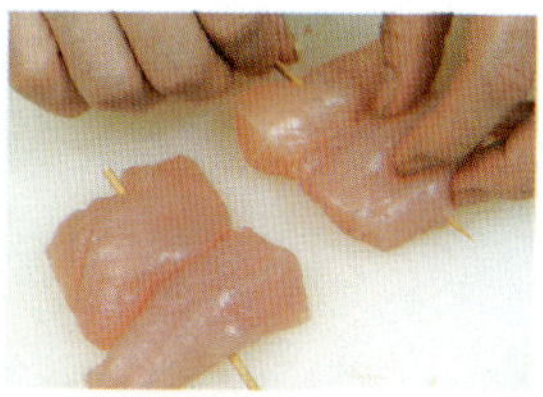

2

씨를 빼고 으깬 매실장아찌와 파슬리가루를 섞어서 1의 위에 펴 바르고 오븐에 10분 정도 굽는다. 만가닥 버섯, 꽈리고추도 함께 구워 그릇에 담아낸다.

단호박

보존기간
냉장 1주일

랩에 싸서 보관한다

1. 단호박을 준비한다

남은 단호박을 준비한다.

2. 자른 면에 랩을 씌운다

상처나기 쉬운 자른 면을 감싸듯 랩을 씌운다.

3. 측면을 마감한다

측면쪽의 랩을 잘 마무리 한다.

4. 밀봉한다

랩으로 완전히 감싸서 밀봉한다.

냉장보관의 기본

자른 면을 잘 감싸서 보관

변색되기 쉬운 자른 면은 랩으로 잘 싸도록 한다. 다음에 쓸 때를 대비해서라도 꼼꼼히 싸 두자.

짭짤한 육수맛이 단호박 속으로

단호박 조림

재료 (2인분)

	단호박	200g
A	국수장국(2배 희석)	100ml
	물	150ml
	다진 돼지고기	50g

만드는 법

1

냄비에 A를 넣고 다진 돼지고기를 익힌다.

2

먹기 좋은 크기로 자른 단호박을 넣고 단호박이 부드러워질 때까지 익힌다.
(도중에 국물이 없어지면 물을 추가로 부으면서 부드러워질 때까지 익힌다)

눈 깜짝할 사이에 만드는

간단 단호박 샐러드

재료 (2인분)

단호박 ·· 150g
프렌치드레싱(시판품) ·························· 1T
마요네즈 ······································· 2T
후추 ··· 약간

만드는 법

1

단호박은 씨를 발라내고 껍질 채로 가로 세로 2cm 정도로 잘라 랩을 씌워 전자레인지에서 3분 정도 가열한다.

2

뜨거울 때 **1**에 프렌치 드레싱을 뿌리고 식으면 마요네즈와 후추로 마무리해서 그릇에 담는다.

적당한 단맛이 입안에 감도는

닭고기를 곁들인 단호박

재료 (2인분)

단호박 ·· 200g
닭고기가루(56쪽 참조) ·························· $1\frac{1}{2}$T

만드는 법

1

단호박은 껍질을 벗기고 한 입 크기로 자른 후 그릇에 넣어 전자레인지에서 4분 정도 가열한다. 단호박을 5 cm 너비의 둥근 모양으로 으깨어 펴 놓는다.

2

랩에 **1**의 단호박을 넣고 예쁘게 모양을 만든 다음 랩을 벗기고 닭고기 가루를 곁들여 그릇에 담아낸다.

배추

보존기간 냉장 1주일

잎을 떼서 신문지에 감싼다.

1. 잎을 작게 나눈다

남은 배추는 다시 나눈다.

2. 한 장씩 떼어 낸다

심을 남기고 한 장 한 장 떼어 낸다.

3. 신문지로 싼다

작게 나눈 배추를 신문지로 싼다.

4. 전체를 싼다

신문지로 전체적으로 감싸듯이 싼다. 잎이 너무 많으면 신문지에서 삐져나오므로 주의한다.

냉장보관의 기본

큰 비닐봉지를 준비한다

배추는 신문지에 싼 후 큼직한 비닐봉지에 담아 냉장고에서 보관 한다.

시원한 배추맛과 삼겹살 맛이 어우러진

배추 삼겹살찜

재료 (2인분)

배추	200g
소금	약간
청주, 간장	1T씩
삼겹살	100g
초간장	적당량

만드는 법

1

배추의 줄기는 길이 4cm, 폭 1cm로 자른다. 잎은 큼직하게 썰고 소금을 뿌려서 프라이팬에 깐다.

2

1의 위에 청주와 간장으로 재어 놓은 삼겹살을 펼쳐 놓고 뚜껑을 덮어서 중불로 익힌다. 고기의 색이 바뀌면 그릇에 옮겨 담고 초간장을 끼얹는다.

아삭아삭 배추의 식감이 맛을 더하는

배추 단식초 절임

재료 (2인분)

배추(줄기부분) ………… 3장
소금 ………… 1T
생강(채썬 것) ………… 1쪽
대파(채썬 것) ………… 5cm
A ┌ 물 ………… 50ml
 │ 설탕, 식초 ………… 1T씩
 └ 간장 ………… 1t
마른고추(씨를 빼고 둥글게 썬 것) ………… 1개
포도씨유 ………… 3T

만드는 법

1
배추는 길이 4cm, 폭 1cm로 잘라 그릇에 넣는다. 소금을 뿌려서 절여 두고 물기가 생기면 꼭 짠다. A를 혼합해서 배추를 담가 놓는다.

2
1의 위에 생강, 대파, 마른고추를 얹고 가열한 포도씨유를 얹고 그릇에 담는다.

절묘한 맛의 조화

배추와 깻잎 맛가루 무침

재료 (2인분)

배춧잎 ………… 3장
소금, 깻잎 맛가루 ………… 각 1t 씩

만드는 법

1
그릇에 큼직하게 썬 배춧잎을 넣고 소금을 뿌려서 절여 둔다. 물기가 생기면 꼭 짠다.

2
1과 깻잎 맛가루를 섞어서 그릇에 담는다.

다진닭고기살

볶아서 저장한다

냉동 1개월 보존기간

1. 국물이 없어질 때까지 익힌다

냄비에 다진 닭고기살 100g과 국수장국 100ml를 넣고 국물이 없어질 때까지 약불에서 익힌다.

2. 물기가 없어지면 완성

물기가 완전히 없어지면 불을 끈다.

양념해서 저장

냉동 1개월 보존기간

1. 볶아서 된장을 섞는다

프라이팬에서 볶은 후 일본된장을 넣고 잘 섞는다.

2. 전체적으로 익으면 완성

다진 닭고기살과 된장이 잘 섞이고 전체적으로 잘 익으면 식혀서 저장용기에 담는다.

냉동보관의 기본

충분히 식혀서 저장용기에 담는다

그대로 볶은 것이나 양념해서 볶은 것은 잘 식혀서 저장용기에 담아 저장한다.

별다른 반찬이 필요없는

다진 닭고기 덮밥

재료 (2인분)

다진 닭고기살	100g
국수장국(2배 희석)	100ml
완두콩	적당량
밥	150g

만드는 법

1. 냉동보관했던 다진 닭고기를 해동한다.

2. 그릇에 담은 밥 위에 1의 닭고기를 얹고 완두콩으로 장식한다.

쫄깃쫄깃 한입에 쏙

치킨볼

재료 (2인분)

- 다진 닭고기 ······ 150g
- 대파(다진 것) ······ 10g
- 밀가루 ······ $^1/_2$T
- 계란 ······ 1개
- 배추 ······ 적당량
- A
  - 육수 ······ 200ml
  - 맛술, 간장 ······ 40ml씩

만드는 법

1

그릇에 다진 닭고기, 대파, 밀가루, 계란을 넣고 섞은 다음 동그란 모양으로 빚는다.

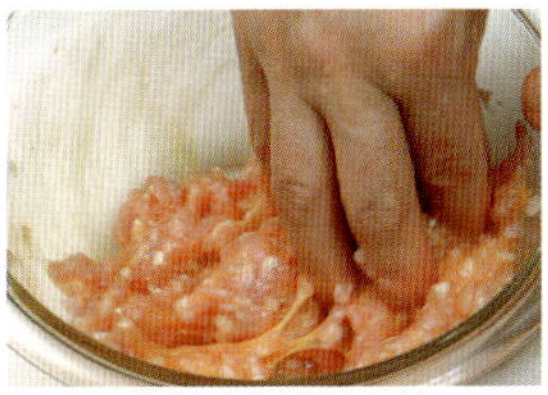

2

냄비에 A를 넣고 불에 올려 끓으면 **1**을 넣고 냄비의 비어 있는 부분에 배추를 넣은 후 5~6분 정도 더 익힌다. 배추와 함께 담아낸다.

간단하고 맛있는

가지 된장무침

재료 (2인분)

- A
  - 다진 닭고기(다져서 냉동보관한 것) ······ 200g
  - 대파(다진 것) ······ 1T
  - 마늘(다진 것) ······ 약간
  - 일본된장, 간장 ······ 1T씩
  - 설탕 ······ $^1/_2$T
  - 두반장 ······ 2t
- 가지 ······ 2개
- 식용유 ······ 적당량

만드는 법

1

달군 프라이팬에 식용유를 두르고 A를 볶는다.

2

가지의 꼭지를 따고 긴 쪽에 젓가락을 찔러서 공기구멍을 만든다. 가스불에 직접 구워서 물로 씻은 후 껍질을 벗겨서 그릇에 담고 가지 위에 **1**의 재료를 모두 섞어 끼얹는다.

전기밥솥으로 만드는 간편반찬

어느 가정에나 있는 전기밥솥. 밥만 짓는 것이 아니라 여러 가지 요리를 한 번에 만들 수도 있어서 아주 편리하다.

브로콜리 된장초무침

야채조림

팥밥

깔끔하게 먹을 수 있는
한 끼 요리를 밥솥으로 간단하게

팥밥정식

recipe 1

팥밥

특별히 한 그릇에

재료

따뜻한 물 ········· 200ml
팥 ········· 15g
쌀 ········· 1컵
소금 ········· 약간
검은깨 ········· 적당량

recipe 2

야채조림

재료

표고버섯 ········· 1장
닭다리살 ········· 60g
맛술 ········· 적당량
각종 야채 ········· 1컵
A { 불고기양념(시판품) ········· 2T
물 ········· 4T

recipe 3

브로콜리 된장초무침

새콤한 소스가 일품

재료

브로콜리 ········· 4~6대
A { 일본된장(백된장) ········· 2T
식초, 설탕, 물 ········· 1T씩
분말 머스터드 ········· 1t

만드는 법

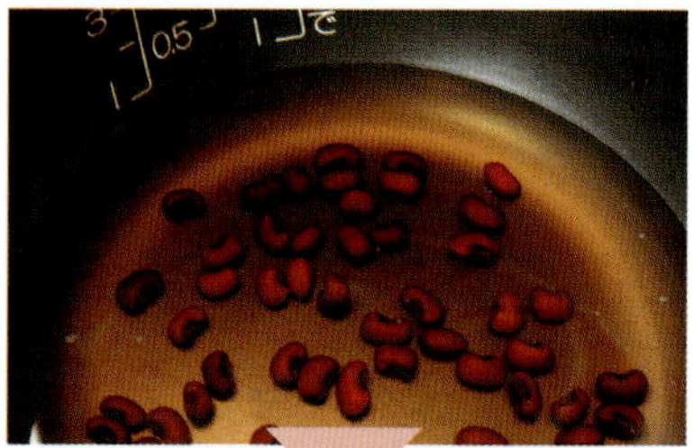

1 콩을 익힌다

쌀을 씻고, 1시간 이상 불린다. 전기밥솥에 따뜻한 물과 적두를 넣고 보온 상태로 15~20분 정도 둔다.

2 쌀을 넣는다

1의 쌀과 소금을 전기밥솥에 넣는다.

3 야채조림 재료를 그릇에 넣는다.

미지근한 물에 불린 4~6등분 한 표고버섯과 한 입 크기로 썰어 술에 재워놓았던 닭다리살, 각종 야채와 A의 재료를 넣는다.

4 야채조림 재료 그릇을 알루미늄 호일로 싼다.

3에 키친타월을 씌우고 알루미늄 호일로 싼다.

5 브로콜리를 알루미늄 호일에 싼다

4~6개의 브로콜리를 알루미늄 호일에 싼다.

6 전기밥솥의 스위치를 켠다

팥밥 위에 뚜껑을 덮고, 그 위에 4와 5를 놓고 전기밥솥 스위치를 켠다. 밥이 다 되면 밥 위에 검은깨를 뿌리고 각각의 요리를 그릇에 담는다.

다양한 색채가 미각을
더욱 돋우는

야채 필라프 정식

recipe 1

야채 필라프

전기밥솥으로 만드는 간단 필라프

재료

- 쌀 ········· 1컵
- 각종 야채 ········· 4T
- A ┌ 고형수프 ········· 1개
- A │ 소금, 후추 ········· 적당량
- A └ 물 ········· 200ml

recipe 2

연어 호일구이

화이트소스와 찰떡궁합

재료

- 저민 연어살 ········· 2토막
- 소금, 후추 ········· 약간씩
- 화이트소스(시판품) ········· 4T
- 만가닥버섯 ········· 1다발
- 레몬, 부추 ········· 적당량

recipe 3

마카로니 샐러드

다양한 색으로 더욱 맛있게

재료

- 마카로니 ········· 3T
- 따뜻한 물 ········· 적당량
- 소금, 후추 ········· 약간씩
- 오이 ········· 10cm
- 올리브오일 ········· 1T

만드는 법

1 내열용기에 재료를 넣는다

내열용기에 마카로니, 따뜻한 물, 소금을 넣고 알루미늄호일로 덮은 후 전기밥솥에 넣는다.

2 쌀을 넣는다

비어 있는 공간에 쌀을 평평하게 깐다.

3 필라프의 재료를 넣는다

각종 야채와 A를 넣는다.

4 연어에 밑간을 한다

연어를 알루미늄 호일에 놓고 소금과 후추로 밑간을 한다.

5 화이트소스를 뿌린다

4의 연어에 화이트소스를 뿌리고 버섯을 얹은 후 호일로 감싼다.

6 전기밥솥의 스위치를 켠다

찜판을 얹고 연어를 얹은 후 전기밥솥의 스위치를 켠다. 마카로니 샐러드는 식혀서 소금, 후추, 올리브오일, 오이와 버무리고 각각의 요리를 그릇에 담는다.

덮밥정식도 전기밥솥에서
한 번에 요리

소고기
덮밥 정식

recipe 1

소고기 덮밥

우유팩에 담아 가열하기만 하면 끝

재료

불고기살 ···· 100g
양파 ···· $^1/_4$개
A { 불고기 양념 ···· 2T
　 물 ···· 4T
쌀 ···· 1컵
물 ···· 200ml

recipe 2

수란

소고기 덮밥에 빠질 수 없는 토핑

재료

계란 ···· 1개
식초물 ···· 적당량

recipe 3

마늘풍미 청경채

입맛 돋구는 마늘풍미

재료

청경채 ···· 2줄기
물 ···· 1T
닭육수 ···· $^1/_2$t
마늘, 간장 ···· 약간씩

만드는 법

1 재료를 자른다

소고기는 불고기감으로 준비하고 양파는 길게 자른다.

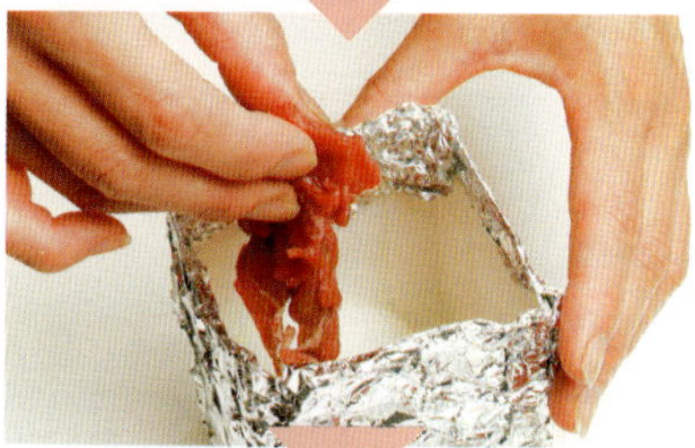

2 우유팩에 담는다

알루미늄 호일로 감싼 우유팩에 1을 담는다.

3 소고기 덮밥 소스를 넣는다

A를 섞어 만든 소고기 덮밥 소스를 우유팩에 넣는다.

4 계란을 식초물에 담근다

내열용기에 식초물을 붓고 계란을 잠기도록 담근다.

5 청경채를 알루미늄 호일로 싼다

알루미늄 호일 위에 세로로 2등분해서 한입 크기로 자른 청경채를 놓고 물, 닭육수, 다진 마늘, 간장을 넣어 싼다.

6 전기밥솥의 스위치를 켠다

쌀, 소고기 덮밥 재료, 수란 위에 찜판을 얹고 청경채를 그 위에 얹어 전기밥솥 스위치를 켠다. 15분 정도(기종에 따라 다름) 경과한 시점에서 계란을 꺼내고 그릇에 담는다.

매실과 깻잎 향취가
입맛을 살리는

닭안심
매실 깻잎말이
정식

recipe 1

닭안심 매실 깻잎말이

닭고기와 매실, 깻잎의 만남

재료

- 닭안심 ······ 4개
- 소금, 후추 ······ 약간씩
- 으깬 매실 ······ 적당량
- 깻잎 ······ 8장
- A { 간장 ······ 2T
- 　 맛술 ······ 1T

recipe 2

밥

식탁에 빠질 수 없는 영원한 주식

재료

- 쌀 ······ 1컵
- 물 ······ 200ml

recipe 3

단호박과 고구마 샐러드

부드럽게 녹는 식감

재료

- 단호박 ······ 3토막
- 고구마 ······ 3토막
- 마요네즈, 소금, 후추 ······ 적당량

만드는 법

1 닭안심에 밑간을 한다

닭안심을 밀대로 밀어서 평평하게 늘린 후 소금, 후추로 밑간을 해 두고 깻잎을 얹는다.

2 으깬 매실을 바른다

깻잎 위에 으깬 매실을 얇게 펴 바른다.

3 돌돌 만다

돌돌 말아서 표면에 식용유를 바른다.

4 양념장을 끼얹는다

알루미늄 호일에 놓고 A를 섞어서 만든 양념장을 끼얹는다.

5 단호박, 고구마를 알루미늄 호일에 싼다

한 입 크기로 썬 단호박과 반달썰기한 고구마를 알루미늄 호일에 싼다.

6 전기밥솥의 스위치를 켠다

쌀, 물을 넣은 전기밥솥에 찜판을 덮고 닭안심, 단호박, 고구마를 싼 알루미늄호일을 얹어서 스위치를 켠다. 밥이 다 되면 닭안심을 2등분한다. 단호박과 고구마의 남은 열을 식히고 마요네즈, 소금, 후추로 맛을 낸다.

ON!

아이 어른 모두 즐기는

오므라이스 정식

recipe 1

오므라이스

계란요리도 전기밥솥으로 해결

재료

밥 ································· 1그릇
육수용 고형 조미료(스톡) ············ $1/2$개
각종 야채 ····························· 4T
토마토케첩 ···························· 2t
소스, 소금, 후추 ····················· 약간씩
우유 ································· 2T
계란 ································· 2개

recipe 2

닭고기를 곁들인 찐 토란

절묘한 조화, 토란과 닭고기

재료

다진 닭고기살 ························· 50g
토란(냉동) ··························· 100g
A { 불고기 양념 ······················ 1T
A { 물 ································ 1T

recipe 3

크레송 나물

서양요리 재료로 만든 나물

재료

크레송 ······························ 1다발
조림간장 ······························ 1T
물 ···································· 1T

만드는 법

1 오므라이스 재료를 넣는다

밥, 야채믹스, 잘게 썬 육수용 조미료, 케찹, 소스, 소금, 후추를 넣는다. 우유를 섞은 계란을 마지막으로 펼쳐 넣는다.

2 크레송을 알루미늄 호일에 싼다

크레송을 알루미늄 호일에 싸고 조림간장과 물을 섞어서 끼얹는다.

3 닭고기에 간을 한다.

비닐봉지에 닭고기와 A를 넣는다.

4 닭고기에 양념이 배게 한다.

3에서 넣은 A가 없어질 때 까지 잘 주무른다.

5 알루미늄 호일로 싼다.

토란 위에 4를 얹고 알루미늄 호일로 감싼다.

6 전기밥솥의 스위치를 켠다

1에 찜판을 얹고 그 위에 2와 5를 얹어서 스위치를 켠다. 15분 정도(기종에 따라 다름) 가열한 후, 상태를 보아 가며 스위치를 끈다. 다 되면 오므라이스를 반으로 접고, 각각의 요리를 그릇에 담는다.

전자레인지면 땡! 간편요리

바쁜 워킹맘에게 전자레인지는 큰 조력자이다. 전자레인지를 활용해서 손쉽고 빠르게 맛있는 요리를 만들어 보자.

푸짐한

중화볶음밥

재료

찹쌀 ··························· 1컵
구운 돼지고기살 ·············· 60g
죽순(데친 것) ················ 60g
메추리알(삶은 것) ············ 6개
A ┌ 간장 ···················· $1^1/_2$T
A ├ 설탕 ···················· $^1/_2$T
A └ 청주, 참기름 ······· 각각 1T씩

만드는 법

1 찹쌀은 씻어서 물을 충분히 붓고 1시간 이상 불린다. 구운 돼지고기살, 죽순은 깍둑썰기한다. A의 재료를 모두 섞어 전자레인지에서 2분 정도 가열한다.

2 내열용기에 찹쌀과 **1**의 A(가열한 양념장)에 물을 부어서 1컵으로 만든 것을 넣고, 가볍게 섞어서 뚜껑을 덮고 전자레인지에서 6분 정도 가열한다.

3 **1**의 구운 돼지고기살과 죽순을 섞어서 전자레인지에 6분 정도 더 가열하고, 메추리알을 얹어서 1분정도 뜸을 들인 후, 휘휘 저어 그릇에 담아낸다.

전자레인지로 땡! Point

찹쌀에도 맛을 배게 하기 위해 양념장은 따뜻한 것을 이용한다. 익힌 건더기 종류는 채반에 받쳐 국물과 건더기를 분리하고, 국물에 물을 더해서 찹쌀과 같은 양으로 밥을 짓는다.

간이 제대로 밴 맛있는 생선조림도 전자레인지로 쉽고 간단하게

가자미 조림

재료

자른 미역 ······················ 2T
대파 ·························· $^1/_2$대
생강 ··························· 1쪽
가자미 ······················ 2토막
A — 설탕, 생강, 청주 · 각각 2T씩

만드는 법

1 자른 미역을 물에 불린다. 대파는 4~5cm로, 생강은 칼등으로 다진다.

2 내열용기에 칼집을 두세 군데 넣은 가자미, 대파, 생강, A를 넣고 뚜껑을 덮어 3분 정도 가열한다.

3 물기를 뺀 미역을 곁들여서 1분 정도 더 가열하고 그릇에 담아낸다.

전자레인지로 땡! Point

전자레인지로 가열할 때는 전자레인지 바닥에 나무젓가락을 두 개 놓은 후 그 위에 내열용기를 올려놓고 가열하면 열기가 고루 퍼진다.

달콤하고 매콤한 생강 양념이 포인트

닭다리살 구이

재료

닭다리살 ······ 1장
치커리 ······ 적당량
A { 간장 ······ 2T
다진 생강 ······ $^1/_2$t
청주, 케찹 ······ 1T씩 }

만드는 법

1 닭다리살의 껍질에 포크로 구멍을 뚫는다.

2 고기의 양면에 A를 섞은 것을 바르고, 10~ 30분 정도 재워둔다.

3 내열용기에 종이타월을 깔고, 껍질이 위로 오도록 놓은 후 뚜껑을 덮어 7~8분 정도 가열하고 그릇에 담아낸다.

전자레인지로 땡! Point

닭다리살은 처음에 포크로 구멍을 뚫어 놓는다. 이렇게 하면 양념이 고기에 배어들기 쉬워서 더 맛있는 요리가 된다.

10분

10분

중식요리도 전자레인지로 해결

피망 소고기 볶음

재료

우둔살 ······ 70g
피망 ······ 3개
데친 죽순(시판품) ······ 70g
A { 간장, 청주, 참기름 ···· 각 1t씩
밀가루 ······ $^1/_2$T
굴소스 ······ 1T }

만드는 법

1 우둔살, 피망, 죽순은 채썬다.

2 1의 고기에 A로 밑간을 하고, 피망, 죽순과 내열용기에 담아서 굴소스와 함께 섞는다.

3 전자레인지에서 2분 정도 가열한 후 한 번 꺼내서 섞는다. 다시 1분가량 더 가열하고 꺼낸 후 잘 섞어서 그릇에 담는다.

전자레인지로 땡! Point

전자레인지로 가열하기 전에 고기에 밑간을 해 둔다. 맛이 배이게 하는 것 외에도 재료에 끈기를 주기 위해 필요하다.

촉촉한 크림맛

관자 스튜

재료

관자 ························· 4개
A ⎧ 화이트 와인 ················ 1T
  ⎩ 소금, 후추 ············ 약간씩
야채믹스 ·················· 100g
양파 ························· $^{1}/_{4}$개
화이트 소스, 우유 ······ 각 100ml
버터 ························· 10g

만드는 법

1 관자에 A로 밑간을 한다. 각종 야채를 내열용기에 담고 뚜껑을 덮어 전자레인지에서 1분 정도 가열한다.

2 굵게 채 썬 양파를 내열그릇에 담고 버터를 얹은 다음 뚜껑을 덮어 전자레인지에서 2분 정도 가열한다.

3 **2**에 **1**의 관자, 화이트 소스, 우유, 소금, 후추를 넣고 뚜껑을 덮어 전자레인지에서 5분 정도 가열하고, **1**의 야채와 합쳐서 그릇에 담아낸다.

전자레인지로 땡! Point

다른 식재료에 비해 열이 잘 퍼지지 않는 양파는 버터를 얹어 먼저 전자레인지로 가열해 둔다. 버터를 얹음으로써 열도 골고루 퍼지고 맛도 좋아진다.

전자레인지로 만드는 간단한 불고기

미니 불고기

재료

두부 ························· 1모
불고기 양념 ················ 2~3T
소고기(불고깃감) ··········· 100g
대파 ························· $^{1}/_{2}$대

만드는 법

1 두부는 $^{1}/_{4}$로 자르고 종이타월로 싸서 내열용기에 담아 뚜껑을 덮지 않고 전자레인지에서 1분 정도 가열하여 물기를 제거한다.

2 내열그릇에 불고기 양념을 넣고 고기를 넣어 양념이 베이게 한다.

3 **2**의 내열그릇에 **1**과 어슷썰기한 대파를 넣고 뚜껑을 덮어 4분 정도 전자레인지에서 가열하여 그릇에 담아낸다.

전자레인지로 땡! Point

두부에서 여분의 수분이 빠지면 요리의 맛이 싱거워진다. 그러므로 전자레인지에서 물기를 빼고 조리를 한다. 키친타월로 싸면 수분을 더 잘 흡수할 수 있다.

여러 가지 버섯 맛을 볼 수 있는

모듬 버섯조림

재료

버섯(만가닥버섯, 팽이버섯, 표고 등) ·················· 200g
불고기 양념 ················ 3~4T

만드는 법

1 버섯은 먹기 좋은 크기로 자른다.

2 내열용기에 모든 재료를 넣는다.

3 뚜껑을 덮고 3~4분 정도 전자레인지로 가열한 후 그릇에 담아낸다.

전자레인지로 땡! Point

버섯은 같은 크기로 맞추어 자른다. 먹기 쉬울 뿐만 아니라 전자레인지 속에서 열이 고루 퍼져 맛있는 요리를 만들 수 있다.

5분

5분

잘 어울려진

감자 튀김 치즈구이

재료

양파 ·························· $^1/_6$개
감자 튀김(냉동) ·············· 150g
베이컨 ························· 2장
피자 치즈 ···················· 30g
식용유 ························· 1T
소금, 후추 ················ 적당량

만드는 법

1 양파는 얇게 썰고, 베이컨은 1cm 폭으로 썬다.

2 내열용기에 감자 튀김과 **1**을 넣고, 피자 치즈를 얹은 다음 식용유와 소금, 후추를 뿌린다.

3 뚜껑을 덮지 않고 전자레인지에서 2~3분 정도 치즈가 완전히 녹을 때까지 가열한다.

전자레인지로 땡! Point

가열하기 전에 전체적으로 식용유를 빈틈없이 뿌리면 재료에 열이 쉽게 전달되어 베이컨, 치즈 등을 잘 어울리게 요리할 수 있다.

레몬으로 상큼하게 마무리

양배추와 바지락 레몬 버터구이

재료

바지락 ························ 1팩
양배추 ······················ 1/6개
레몬 ························ 1/2개
버터 ························ 15g
화이트와인 ·················· 1T
소금, 후추 ················ 적당량

만드는 법

1 바지락은 연한 소금물에 담가 해감하고 잘 씻는다. 양배추는 심이 달려 있는 채로 한입 크기로 자른다. 레몬은 잘 씻어서 껍질을 얇게 벗겨서 채 썰고, 즙은 용기에 짜 둔다.

2 내열용기에 양배추, 바지락 순으로 놓고, 소금, 후추, 화이트 와인, 버터, 레몬 껍질을 뿌린다.

3 뚜껑을 덮어 전자레인지에서 3분 정도(바지락 입이 벌어질 때까지) 가열하고, 레몬즙을 뿌려 마무리한다.

전자레인지로 땡! Point

레몬은 소금으로 문질러 잘 씻는다. 시판하는 레몬에는 왁스 등 화학약품이 묻어 있는 것이 많다. 소금으로 잘 문질러 씻어 유해한 물질을 씻어낸다.

따끈따끈한 오믈렛이 전자레인지에서 탄생

오믈렛

재료

계란 ························ 1개
우유 ························ 1T
소금, 후추 ················ 적당량
피자 치즈 ·················· 1T
샐러드용 채소, 케첩 ····· 적당량씩

만드는 법

1 그릇에 계란, 우유, 소금, 후추를 넣고 잘 섞는다.

2 내열용기에 랩을 깔고 **1**을 부은 다음 피자 치즈를 뿌린다.

3 전자레인지에서 2분 정도 가열하고(단단하게 만들고자 할 때에는 1분 정도 더 가열) 랩을 이용해 모양을 만들어서 그릇에 담는다.

전자레인지로 땡! Point

랩을 이용하여 조심스럽게 조금씩 모양을 만든다. 계란은 너무 부드러워도 모양이 잘 안나오므로 가열할 때 상태를 잘 체크하도록 한다.

재료를 썰어서 가열하기만 하면 끝

간단한 토마토수프

재료

양파 ········· 1/4개
마늘 ········· 1쪽
올리브오일 ········· 2T
토마토 페이스트 ········· 1캔
소금, 후추, 바질 ········· 적당량씩

만드는 법

1 양파, 마늘은 잘게 다진다.

2 내열그릇에 **1**과 올리브오일을 넣고 뚜껑을 덮어 2분 정도 가열한다.

3 **2**에 토마토 페이스트를 넣고 뚜껑을 덮지 않은 상태로 전자레인지에서 3분 정도 가열한다. 소금과 후추를 뿌려 간을 하고 바질잎을 살짝 얹어서 낸다.

전자레인지로 땡! **Point**

홀캔의 경우 토마토 모양이 없어질 때까지 으깬다. 채반 등을 사용하면 더욱 부드러운 소스를 만들 수 있다.

잔멸치의 고소함이 식욕을 돋우는

아삭아삭 잔멸치 샐러드

재료

잔멸치 ········· 2T
올리브오일 ········· 1/2T
샐러드용 야채 ········· 한 줌
간장소스 ········· 적당량

만드는 법

1 내열용기에 잔멸치를 담고 올리브오일을 끼얹는다.

2 전자레인지에서 1분 30초 정도 가열한다.

3 샐러드용 야채 위에 담고 소스를 뿌린다.

전자레인지로 땡! **Point**

양쪽 끝에 빈틈이 조금 생기게 랩을 덮는다. 잔멸치를 아삭아삭하게 하기 위해 수분을 줄일 필요가 있다. 랩의 양 끝에 빈틈을 주면 수분이 날아가는 효과가 있다.

부드러운 식감과 달콤한 양념이 맛있는

단호박찜

재료

단호박(쪄서 냉동한 것) ······· 4개
A { 불고기 양념 ··············· 1T
물 ························ 1T

만드는 법

1 A를 섞어서 양념장을 만든다.

2 단호박을 내열용기에 담고 **1**과 섞는다.

3 뚜껑을 덮고 전자레인지에서 1분 정도 가열한다. 뒤집어서 1분 정도 더 가열한 후 그릇에 담아낸다.

전자레인지로 땡! **Point**

단호박은 생것이든 쪄서 냉동한 것이든 만드는 방법은 같다. 생 단호박을 사용할 경우는 뚜껑을 덮고 전자레인지에서 4분 정도 가열한 후 뒤집어서 4분 정도 가열한다.

새콤달콤한 맛이 일품인

무말랭이 설탕 초무침

재료

무말랭이 ····················· 30g
물 ························· 200ml
마른 고추 ················· 적당량
A { 식초 ······················ 3T
물, 설탕 ················ 1T씩
소금 ···················· 약간

만드는 법

1 무말랭이는 물에 씻어서 짠 후 내열그릇에 담아 물을 넣고 뚜껑을 덮지 않은 상태로 2분 정도 전자레인지에서 가열한다.

2 그대로 10분 정도 놔 둔 후 물기를 짜고 식힌다.

3 A를 섞어서 감초를 만든다. 취향에 맞게 마른 고추를 잘게 썰어 뿌려서 그릇에 담아낸다.

전자레인지로 땡! **Point**

무말랭이는 장기간 물에 담가 놓으면 풍미가 없어져 버린다. 전자레인지로 가열하면 쉽고 빠르게 불릴 수 있고, 맛도 지킬 수 있다.

톳으로 만든 샐러드

톳 샐러드

재료

마른 톳 ······················· 5g
물 ························· 100ml
오이 ························· 1개
토마토 ······················ 1/4개
소금, 마요네즈, 후추 ······· 약간씩

만드는 법

1 톳과 물을 내열용기에 담고 뚜껑을 덮어 전자레인지에서 4분 정도 가열한다. 물로 가볍게 씻은 후 채반에 건져서 물기를 뺀다.

2 오이를 썰어서 소금으로 가볍게 주무르고 물기를 뺀다. 토마토는 1cm로 깍둑썰기한다.

3 **1**과 **2**를 마요네즈, 소금, 후추로 버무려 그릇에 담아낸다.

전자레인지로 땡! Point

톳이나 무말랭이 모두 전자레인지에서 가열하면 시간을 단축할 수 있다. 보통 불리는 데에 20분 정도 걸린다. 전자레인지를 잘 활용하면 효율적으로 시간을 관리할 수 있다.

입안에서 살살 녹는 맛

연두부

재료

연두부 ······················· 1모
나도팽나무버섯 ·············· 1봉
부추, 생강 ············· 적당량씩
A { 불고기 양념 ············· 2T
물 ························ 2T }

만드는 법

1 채반에 받쳐 물기를 가볍게 뺀 연두부와 씻어서 끈기를 없앤 나도팽나무버섯을 그릇에 넣고 잠길 정도로 온수를 부어 전자레인지에서 2분 정도 가열한다.

2 A를 섞어서 양념장을 만들어 전자레인지에서 2분 정도 가열한다.

3 물기를 뺀 연두부와 버섯을 그릇에 담고 **2**를 끼얹고 부추와 생강을 얹는다.

전자레인지로 땡! Point

너도팽나무버섯은 채반 등에 받쳐 흐르는 물을 전체적으로 끼얹듯이 하면 끈기를 제거할 수 있다.

시금치 버터무침

재료

시금치	$^{1}/_{2}$단
버터	10g
베이컨	2장
소금, 후추	약간씩

만드는 법

1 시금치를 내열용기에 깔고 버터를 얹어 전자레인지에서 뚜껑을 덮지 않은 상태로 2분 정도 가열한다.

2 내열용기에 종이타월을 깔고 1cm 폭으로 자른 베이컨을 얹어서 키친타올로 덮고 뚜껑은 덮지 않은 상태로 2분 정도 가열한다.

3 시금치와 베이컨을 버무리고 소금, 후추로 맛을 낸다.

전자레인지로 땡! Point

시금치는 내열용기에 펼쳐서 담고, 버터도 잘게 잘라 흩뿌린다. 데쳐서 냉동한 시금치를 사용하는 경우는 버터를 넣고 뚜껑을 덮어 20초간 가열한다.

식감을 즐기는 수프

아삭아삭 양상추 소시지 수프

재료

비엔나 소시지	4개
뜨거운 물	200ml
소금, 후추	적당량
육수용 조미료(고형)	1개
양상추	3~4장
부추	2줄기

만드는 법

1 내열그릇에 비엔나 소시지와 뜨거운 물을 넣고 뚜껑을 덮지 않은 상태로 전자레인지에서 1분 정도 가열한다.

2 **1**에 소금, 후추, 육수용 조미료를 넣고 뚜껑을 덮지 말고 전자레인지에서 1분 더 가열한다.

3 그릇에 채 썬 양상추를 듬뿍 넣고 **2**를 붓는다. 마무리로 부추를 넣으면 완성.

전자레인지로 땡! Point

비엔나소시지는 터지는 것을 방지하기 위해 전자레인지에서 가열하기 전에 칼집을 낸다.

흑식초를 이용한 건강식

돼지고기 흑식초볶음

재료

돼지고기	150g
A 식초	1t
A 밀가루	2t
양파	$\frac{1}{2}$개
표고	2장
피망	2개
당근	$\frac{1}{2}$개
흑식초 소스(시판품)	1개
식용유	1T

만드는 법

1 돼지고기를 한입 크기로 썰고 A로 밑간을 한다. 양파는 굵직하게 썰고 피망은 2cm 크기로 네모지게 썬다. 표고는 4등분한다.

2 내열용기에 양파, 당근, 피망, 식용유를 넣고 뚜껑을 덮지 않은 상태로 2분 정도 가열한다. 한 번 꺼내서 돼지고기, 표고, 흑식초 소스를 넣어 뚜껑을 덮고 5분 정도 가열한다.

3 전자레인지에서 꺼내서 잘 섞은 후 그릇에 담아낸다.

전자레인지로 땡! **Point**

열이 잘 통하지 않는 양파와 피망은 식용유를 끼얹어 먼저 가열한다. 프라이팬을 사용하지 않아도 식용유를 뿌려 전자레인지에 데우면 볶음요리도 간단히 할 수 있다.

매콤달콤한 맛이 밥과 잘 어우러진

다진 돼지고기 조림

재료

다진 돼지고기	60g
다진 생강	약간
불고기 양념	1T
부추	약간

만드는 법

1 내열용기에 모든 재료를 넣고 잘 섞는다.

2 뚜껑을 덮고 전자레인지에서 1분 30초간 가열한다.

3 전자레인지에서 꺼내어 잘 섞은 후 그릇에 담아낸다.

전자레인지로 땡! **Point**

가열 전, 가열 후 모두 잘 섞는다. 이렇게 하면 양념이 고루 배어들어 고기가 뽀송뽀송하게 볼륨감이 살아난다.

15분 이내에 완성하는

아이들이 좋아하는 디저트

신속하고 간단히 만들 수 있는 맛있는 디저트. 아이들이 좋아하는 디저트가 가득!

겹겹이 바삭바삭

간단 후렌치파이

10분

재료

파이시트(냉동) ··············· 1장
계란(푼 것) ··············· 적당량
커스터드 크림믹스
(시판품) ··············· 50g
우유 ··············· 130ml
슈가파우더 ··············· 적당량

만드는 법

1 파이시트를 4등분하고 겉면에 계란 푼 것을 바른다.

2 1을 오븐토스터에서 5분 정도 굽는다.

3 커스터드크림믹스와 우유를 섞어서 커스터드크림을 만든다.

4 2의 열이 식으면 2등분으로 자른다.

5 3을 4의 파이시트 사이에 바르고 그릇에 담아 슈가파우더를 뿌린다.

크루아상의 맛있는 변신

아몬드 크루아상

10분

재료

버터 ··············· 60g
그래뉴당 ··············· 3T
계란 ··············· 1개
아몬드 파우더 ··············· 60g
크루아상(시판품) ··············· 2개
럼주, 참기름 ··············· 각 1T

만드는 법

1 버터를 전자레인지에서 10~20초간 가열하여 부드럽게 만든다.

2 1에 그래뉴당을 넣고 거품기로 섞는다.

3 2에 계란 푼 것을 2~3회에 나누어 넣으면서 섞어주고, 아몬드 파우더를 넣어 아몬드 크림을 만든다.

4 3을 크루아상에 바르고 190℃의 오븐에서 7~8분 정도 굽는다.

5 갈색이 돌면 오븐에서 꺼내어 다른 용기에 담는다.

(아몬드 크림은 냉장고에 보관하면 1주일 정도 쓸 수 있으므로 많이 만들어서 냉장고에 넣어두어도 좋다)

따끈따끈한 찐빵이 생각날 때

초코찐빵

15분

재료

초코 핫케익 믹스(시판품) ··· 100g
우유 ······ 60ml
계란 ······ $^1/_2$개

만드는 법

1 찜통에 2cm 정도의 물을 부어 끓인다.

2 계란과 우유를 섞어 계란물을 만들어서 초코 핫케익 믹스를 섞어준다.

3 틀에 유산지컵을 넣고 반죽을 $^2/_3$ 정도 담는다.

4 **3**을 김이 오른 **1**의 냄비에 넣고 뚜껑을 덮어 중불에서 10분간 찐다. (전자레인지에서 할 경우 뚜껑을 덮지 않고 2분~2분 30초 정도 가열한다)

식어도 맛있는

바나나 크레이프

8분

재료

버터 ······ 15g
핫케익 믹스(시판품) ······ 50g
설탕 ······ 1과 $^1/_2$T
계란 ······ 1개
우유 ······ 150g
버터 ······ 15g
바나나 ······ 1개
생크림(시판품) ······ 적당량
초콜렛 소스(시판품) ······ 적당량

만드는 법

1 버터를 전자레인지에서 20초 정도 가열해서 녹인다.

2 그릇에 핫케익믹스와 설탕, 계란, 우유, **1**의 버터를 넣어 잘 섞는다.

3 가열한 프라이팬에서 **2**를 얇게 굽는다.

4 **3**을 4등분해서 그릇에 담고 슬라이스한 바나나, 생크림, 초콜릿 소스를 곁들인다.

달콤하고 쫄깃한 맛의 조화

팥 경단 크림

15분

재료

찹쌀가루 ······················ 50g
따뜻한 물 ····················· 50ml
빙수용 팥(시판품) ·········· 적당량
생크림(시판품) ············· 적당량

만드는 법

1 찹쌀가루에 따뜻한 물을 조금씩 섞어가며 반죽한다.

2 적당히 끈기가 생기고 부드러워질 때까지 반죽한다.

3 **2**를 한입 크기로 동그랗게 빚는다.

4 **3**을 물에 삶는다.

5 경단이 익어서 떠오르면 냉수로 헹궈 식힌다.

6 물기를 뺀 경단을 그릇에 담고 팥, 생크림을 곁들여서 낸다.

여름에 정말 잘 어울리는

물만쥬

15분

재료

밀가루 ························ 25g
물 ·························· 100ml
설탕 ·························· 40g
팥소(시판품) ··············· 적당량

만드는 법

1 냄비에 밀가루, 물, 설탕을 넣고 중불에 데운다.

2 나무주걱으로 투명해질 때까지 저어준다.

3 그릇에 물을 묻히고 **2**를 붓는다.

4 팥소를 **3**에 넣어 싼다.

5 **4**를 그릇째 냉장고에 넣어서 10분 정도 식힌 다음 다른 그릇에 옮겨 담는다.

홈메이드 조미료로 만드는 맛있는 요리

매일 요리에 사용하는 조미료와 소스. 집에서 만든 조미료와 소스를 이용해서 요리에 액센트를 줘 보자.

만들어 두면 편리한 특선조미료

기본드레싱도 홈메이드로 더욱 맛있게

중화풍 드레싱

재료

파 ······ 적당량
생강 ······ 적당량
식용유 ······ 2T
식초 ······ 1T
흑식초 ······ 1T

※식용유, 식초, 흑식초의 분량은 기본적인 비율이므로, 만드는 양에 따라 분량을 바꾼다. 분량의 비율은 2 : 1 : 1로 한다.

만드는 법

1 파를 다지고 생강은 갈아서 즙을 내어 놓는다.

2 그릇에 식용유, 식초, 흑식초, 1을 넣어 잘 섞는다.

어떤 요리에도 어울리는 만능조미료

초간장

재료

등자즙 ······ 1T
간장 ······ 1T
맛술 ······ 약간
가다랭이포, 다시마 ······ 약간씩

※등자즙, 간장, 맛술의 분량은 기본적인 비율이므로 만드는 양에 따라 분량을 바꾼다. 등자즙과 간장의 비율은 1 : 1로 하고 다른 재료도 맞춰서 분량을 바꾼다.

만드는 법

1 그릇에 등자즙, 간장, 맛술, 가츠오부시, 다시마를 넣고 잘 섞는다.

만들기 쉬운 소스

초간장 350ml, 간장 350ml, 가다랭이포 10g, 다시마 작은 것 1장을 스테인레스나 유리그릇에 모두 넣고 랩을 씌워 선선한 곳에서 3일 정도 놓아둔다. 그 후 면보에 걸러서 병에 넣어 냉장고에 보관한다. 1년은 보존가능.

초간장을 이용하는 요리

찌개, 샤브샤브, 마요네즈와 섞어서 샐러드 등 여러 가지 요리에 이용할 수 있다.

퇴김소스나 덮밥에 안성맞춤

조림장 (진한 맛)

재료

육수 ······························ 5T
맛술 ······························ 1T
간장 ······························ 1T

※육수, 맛술, 간장의 분량은 기본적인 비율이므로 만드는 양에 따라 분량을 바꾼다. 분량의 비율은 5 : 1 : 1이다

만드는 법

1 그릇에 육수, 맛술, 간장을 붓고 잘 섞는다.

진한 조림장을 이용하는 요리

튀김소스나 차게해서 먹는 면요리의 장국에 적합하다. 덮밥 양념에 사용할 경우는 설탕과 간장을 적당히 추가해서 사용한다.

조림요리 맛내기

조림장 (순한 맛)

재료

육수 ······························ 8T
맛술 ······························ 1T
짜지 않은 간장 ··················· 1T

※육수, 맛술, 간장의 분량은 기본적인 비율이므로 만드는 양에 따라 분량을 바꾼다. 분량의 비율은 8 : 1 : 1이다.

만드는 법

1 그릇에 육수, 맛술, 짜지 않은 간장을 붓고 잘 섞는다.

순한 조림장을 이용하는 요리

고야두부, 토란조림 등 연한 색을 내는 조림요리에 사용한다.

참깨맛이 식욕을 돋우는

참깨간장소스

재료

깨 간 것 ························· 1T
간장 ······························ 1T
식초 ······························ 1T

만드는 법

1 그릇에 깨 간 것, 간장, 식초를 넣고 잘 섞는다.

참깨간장소스와 잘 어울리는 요리

흰살생선이나 닭고기 등이 들어간 샐러드에 이용한다.

샐러드에 감초 고소한 맛

참깨 드레싱

재료

올리브오일 ························ 2T
참깨 ······························ 1T
식초 ······························ 1T

※올리브오일, 참깨, 식초의 분량은 기본적인 비율이므로 만드는 양에 따라 분량을 바꾼다. 분량의 비율은 2 : 1 : 1이다.

만드는 법

1 그릇에 올리브오일, 참깨, 식초를 넣고 잘 섞는다.

참깨드레싱과 잘 어울리는 요리

모든 샐러드에 어울리고 볶음요리의 조미료로도 이용할 수 있다.

산뜻한 맛이 여성들에게 인기인

프렌치 드레싱

재료

올리브유 ························ 3T
포도식초 ························ 1T
소금, 후추 ················· 적당량
머스터드 ··················· 적당량
설탕 ····················· 아주 조금

※재료의 분량은 기본적인 비율이므로 만드는 양에 따라 분량을 바꾼다. 올리브오일과 포도식초의 비율은 3 : 1로 하고, 다른 재료도 같이 분량을 바꾼다.

만드는 법

1 그릇에 올리브오일, 포도식초, 소금, 후추, 머스터드를 넣고 잘 섞는다.

2 신맛을 덜기 위해 1에 설탕을 조금 넣어 섞는다.

프렌치 드레싱과 잘 어울리는 요리

샐러드의 밑간을 할 때 이용한다.

양파와 간장을 잘 조화시킨

프렌치 어니언 드레싱

재료

양파 ························ 적당량
올리브오일 ···················· 3T
포도식초 ······················ 1T
간장 ························ 적당량
소금, 후추 ················· 적당량
머스터드 ··················· 적당량
설탕 ····················· 아주 조금

※재료의 분량은 기본적인 비율이므로 만드는 양에 따라 분량을 바꾼다. 올리브오일과 포도식초의 비율은 3 : 1로 하고, 다른 재료도 같이 분량을 바꾼다.

만드는 법

1 양파를 잘게 다진다.

2 그릇에 1과 올리브오일, 포도식초, 간장, 소금, 후추, 머스터드를 넣고 잘 섞는다.

3 신맛을 덜기 위해 2에 설탕을 아주 조금 넣어 섞는다.

간단히 만드는 이탈리아식 소스

이탈리안 드레싱

재료

엑스트라버진 올리브오일 ······ 3T
포도식초 ······················ 1T
소금, 후추 ················· 적당량

※재료의 분량은 기본적인 비율이므로 만드는 양에 따라 분량을 바꾼다. 엑스트라버진 올리브유와 포도식초의 비율은 3 : 1로 하고, 다른 재료도 같이 분량을 바꾼다.

만드는 법

1 그릇에 엑스트라버진 올리브오일과 포도식초를 넣는다.

2 1에 소금, 후추를 넣어 잘 섞는다.

이탈리안 드레싱

서양풍 샐러드나 요리와 잘 어울린다.

토마토를 넣어서 더욱 맛있게

이탈리안 토마토 드레싱

재료

토마토 ······················ 적당량
엑스트라버진 올리브오일 ······ 3T
포도식초 ······················ 1T
소금 ························ 적당량
후추 ························ 적당량

※재료의 분량은 기본적인 비율이므로 만드는 양에 따라 분량을 바꾼다. 엑스트라버진 올리브오일과 포도식초의 비율은 3 : 1로 하고, 다른 재료도 같이 분량을 바꾼다.

만드는 법

1 토마토를 씻어서 잘게 다진다.

2 그릇에 엑스트라버진 올리브오일과 포도식초를 붓는다.

3 2에 1과 소금, 적당량의 후추를 넣어 잘 섞는다.

냉동식품을 활용한

간단 일품요리

상하거나 무를 염려가 없는 냉동식품은 바쁜 일상을 보내고 있는 엄마에게 더없이 고마운 존재이다. 조금만 손질하면 맛있는 일품요리를 만들 수 있다.

아스파라거스 김치

재료(2인분)

그린 아스파라거스(냉동) ········ 50g
식용유 ········ 적당량
김치 ········ 30g

만드는 법

1 냉동된 상태의 그린 아스파라거스를 달군 프라이팬에 식용유를 두르고 볶는다.

2 잘게 썬 김치를 1에 넣고 좀 더 볶은 후 그릇에 담는다.

줄콩 굴소스볶음

재료(2인분)

줄콩(냉동) ········ 40g
돼지고기 ········ 20g
식용유 ········ 적당량
굴소스 ········ 1t
소금, 후추 ········ 약간씩

만드는 법

1 냉동된 상태의 줄콩을 달군 프라이팬에 식용유를 두르고 재빨리 볶고, 돼지고기를 넣어 더 볶는다.

2 1에 굴소스, 소금, 후추로 맛을 내고 그릇에 담아낸다.

소송채볶음

재료(2인분)

소송채(냉동) ········ 50g
식용유 ········ 적당량
소금, 후추 ········ 약간씩
잣 ········ 5g

만드는 법

1 냉동 소송채를 달군 팬에 식용유를 두르고 잘 펼치면서 볶는다.

2 소금, 후추로 맛을 낸 후 그릇에 옮겨 담고, 잣을 솔솔 뿌려 마무리한다.

베이컨 갈릭포테이토

튀김 감자(냉동) ··· 7~8개
베이컨 ··· 1/2장
마늘 ··· 1/2쪽
식용유 ··· 적당량
소금, 후추 ··· 약간씩
식초 ··· 2t

1 튀김 감자를 전자레인지에서 약 1분 30초 정도 가열한다.

2 [illegible]

3 [illegible]

4 불에서 내려 3에 [illegible]

5 [illegible]

[illegible] 경단

[illegible]

시금치 멸치조림

[illegible]

1 냄비에 [illegible]

2 1에 [illegible]

3 시금치와 멸치에 [illegible] 그릇에 담는다.

대파를 곁들인 닭가슴살 튀김

재료(2인분)

치킨 볼(가슴살;냉동)······· 4~5개
대파··························· 2cm
식용유 ······················ 적당량
소금, 후추··················· 약간씩
식초······························ 1t

만드는 법

1 치킨볼(가슴살)을 전자레인지에서 가열한다.(포장지의 가열시간 참조)

2 대파를 다져 놓는다.

3 달군 프라이팬에 식용유를 두르고 대파를 볶은 후 소금, 후추를 뿌린다.

4 불을 끄고 3에 식초를 뿌린다.

5 가열한 치킨 볼을 그릇에 옮겨 담고 위에 4를 끼얹는다.

파이비엔나

재료(2인분)

파이시트(냉동)···································· $1/5$장
비엔나소시지(긴 것)······························ 1개

만드는 법

1 반 해동상태의 파이시트 한 장을 5등분으로 자른다.(비엔나 소시지의 굵기에 따라 폭을 조절한다)

2 비엔나 소시지에 1을 비스듬히 감는다.

3 오븐팬에 유산지를 깔고 그 위에 나란히 놓는다.

4 오븐의 온도를 200℃로 맞추고 8~10분 정도 구워서 그릇에 담는다.

토마토 바질소스의 미트볼구이

재료(2인분)

미트볼(레토르트 식품)························· 5~6개
토마토 ·· $1/2$개
바질 ·· 2~3장

만드는 법

1 미트볼을 전자레인지에서 가열한다.(포장지에 표시된 가열시간 참조)

2 토마토와 바질을 다져서 섞어 놓는다.(바질은 장식용으로 1장 남겨둔다)

3 가열한 미트볼을 그릇에 옮겨 담고, 2를 위에 뿌린 후 바질 장식으로 마무리한다.

이것을 사용

단호박

치즈 단호박

재료(2인분)

단호박(냉동) ········ 100g
프로세스 치즈 ········ 20g
소금, 후추 ········ 약간씩

만드는 법

1 단호박을 전자레인지에서 가열한다.(포장지에 표시된 가열시간 참조)

2 프로세스 치즈를 작게 깍둑썰기한다.

3 1의 단호박을 포크로 으깨어 2를 섞는다.

4 3에 소금, 후추를 뿌려 간을 맞춘다.

브로콜리 갈릭볶음

재료(2인분)

브로콜리(냉동) ········ 50g
마늘 ········ 1쪽
식용유 ········ 적당량
비엔나 소시지 ········ 20g
소금, 후추 ········ 약간씩

만드는 법

1 브로콜리를 전자레인지에서 가열한다.(포장지에 표시된 가열시간 참조)

2 마늘을 저며 썰고, 달군 프라이팬에 식용유를 두르고 볶는다.

3 2에 1의 브로콜리와 비엔나 소시지를 넣고 더 볶다가 소금, 후추를 뿌려 마무리한다.

이것을 사용

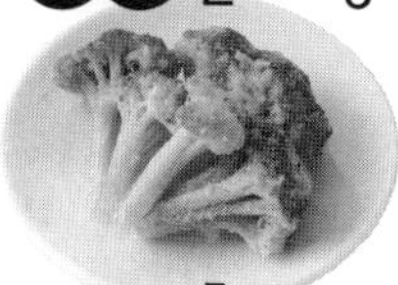

브로콜리

이것을 사용

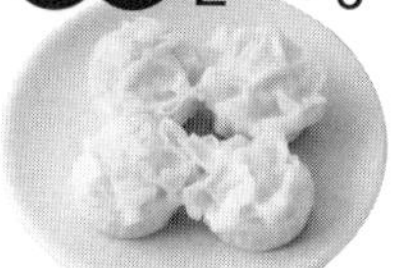

딤섬

딤섬 볶음

재료(2인분)

딤섬(냉동) ········ 5~6개
마늘 ········ 10g
콩나물 ········ 20g
식용유 ········ 적당량
소금, 후추 ········ 약간씩

만드는 법

1 딤섬을 전자레인지에서 가열한다.(포장지에 표시된 가열시간 참조)

2 마늘을 저미고, 달군 프라이팬에 식용유를 두르고 콩나물과 함께 볶다가 소금, 후추를 뿌려 맛을 낸다.

3 2를 그릇에 옮겨 담고 위에 딤섬을 얹는다.

저장식품을 이용한

스피드 술안주

저장식품을 이용해서 간단히 만들 수 있는 맛있는 술안주 대공개!
간편해서 좋고 맛있어서 아빠가 좋아하는 술안주

양상추 프렌치 치즈무침

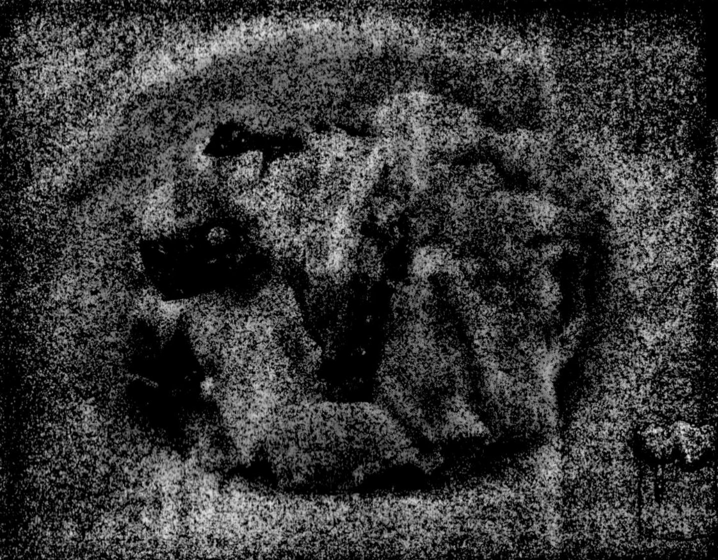

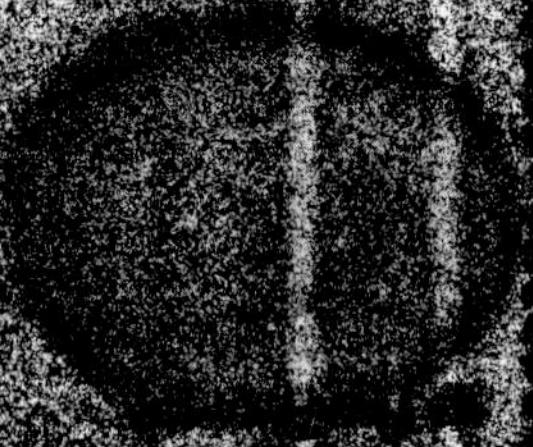

짜사이 셀러리볶음

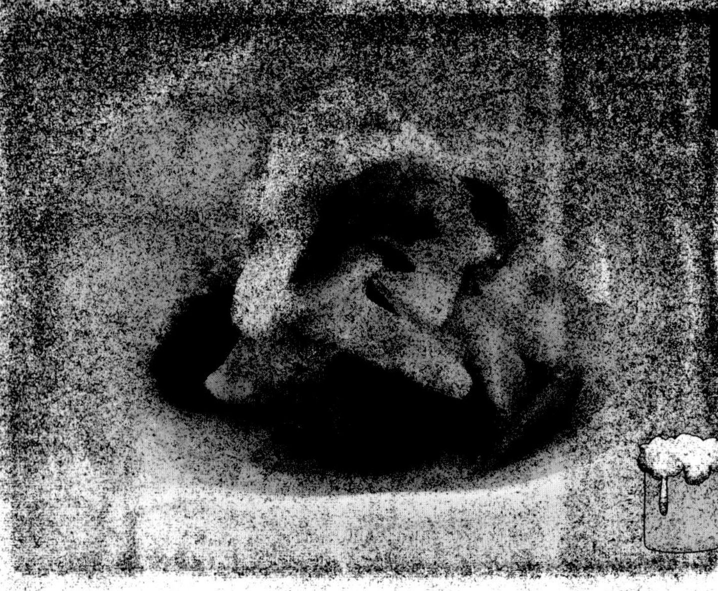

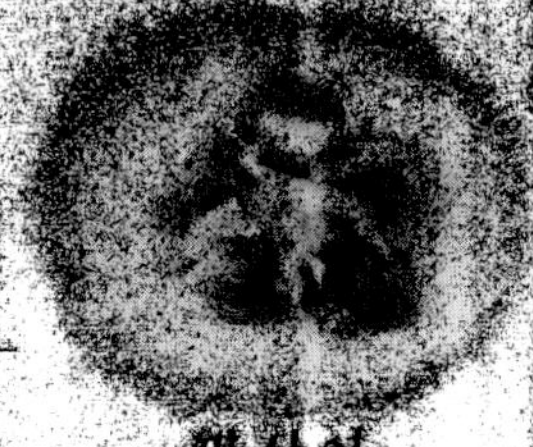

짜사이

목이버섯 당면 볶음

재료(2인분)

당면	10g
목이버섯	1장
햄	5g
줄콩	10g
참기름	적당량
굴소스	1t
소금, 후추	약간씩

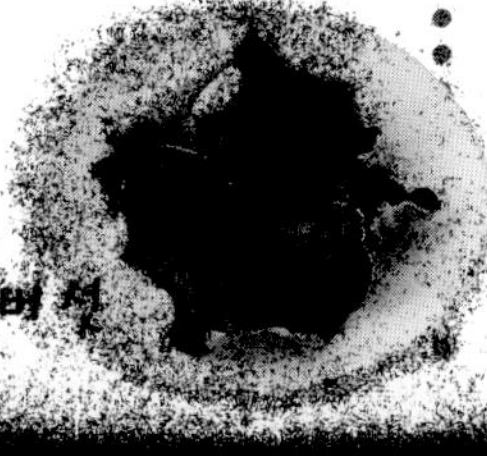

만드는 법

1 당면은 불려서 먹기 좋은 크기로 자르고, 햄과 따뜻한 물에 담가 불린 목이버섯은 채 친다.

2 줄콩을 살짝 데쳐서 어슷 썬다.

3 1과 2를 달군 프라이팬에 참기름을 둘러 볶고, 굴소스, 소금, 후추를 뿌려 맛을 낸다.

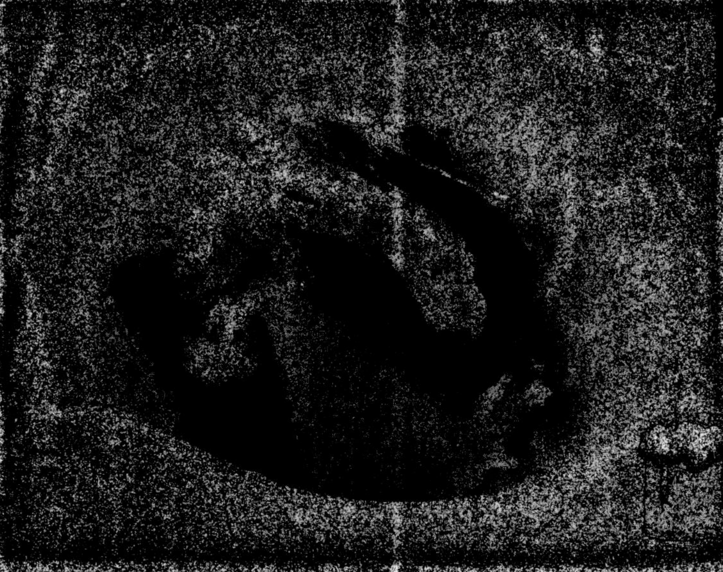

냉시브샐러드

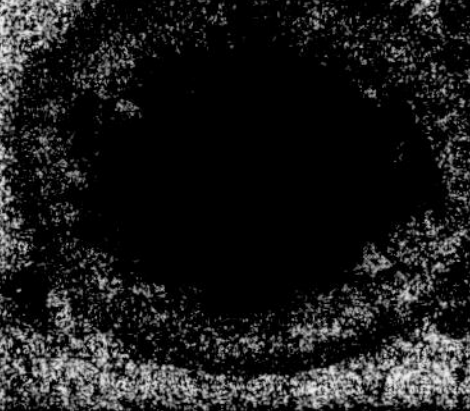

마와 매실장아찌 무침

재료

매실장아찌	[illegible]
마	60g
간장	적당량
가다랑어포	적당량

만드는 법

1 매실장아찌의 씨를 빼고 칼로 두드려서 페이스트 상태로 만든다.

2 마를 [illegible] 깍둑썰기 한다.

3 1과 2를 섞고 간장으로 무친 후 그릇에 옮겨 담고 가다랑어포를 뿌린다.

마지막까지 알뜰하게

식재료 완벽 저장법!

달걀

냉장실 냉동실

삶은 달걀이나 날달걀은 냉동보관에 부적합

달걀은 기본적으로 냉장에서 보관하고, 가급적 유통기한 내에 다 먹도록 한다. 삶은 달걀이나 날달걀(노른자)을 통째로 냉동보관할 수는 없다(흰자만은 가능). 삶은 달걀을 으깨어서 랩에 싼 후 냉동시키면 쓰기에도 편리하다.

육류

냉장실 냉동실

한 번에 다 못 먹는 육류는 일단 냉동보관한다

상하기 쉬운 육류는 냉동보관하는 것이 효율적이다. 얇게 썬 육류는 한끼분씩 둥글게 뭉쳐서 랩에 싼다. 닭고기는 데쳐서 냉동보관한다. 간 고기는 가장 상하기 쉬우므로 꼭 냉동보관한다.

빵

냉동실

곰팡이가 피기 쉬우므로 냉동보관

식빵은 2~3장씩 랩으로 싸서 냉동보관한다. 먹을 때는 그대로 오븐토스터에서 굽기만 하면 된다. 바게트빵이나 호밀빵은 잘라서 냉동보관한다. 버터를 많이 사용한 크루아상 등은 냉동하면 맛이 떨어지므로 주의한다.

밥

냉장실 냉동실

남은 밥은 냉동보관한 후 전자레인지에 데운다.

밥은 한 끼분씩 랩으로 싸서 냉동보관한다. 건조되어 굳어진 밥보다 금방 한 밥을 그대로 냉동하는 편이 좋다. 먹을 때는 전자레인지에서 2~3분간 가열하거나 찜통에 찐다. 균일한 두께가 되도록 랩으로 싸면 전자레인지에서 해동할 때도 균일하게 해동시킬 수 있다.

육수, 수프

냉동실

얼음틀에 얼려서 고형수프로

가다랭이포 육수나 다시마 육수, 콘소메 수프, 중화 수프는 많이 만들어서 냉동보관하는 것이 더 효과적이다. 육수를 식힌 후 얼음틀에 부어서 얼린다. 고형육수(수프)와 물을 함께 냄비에 넣는것만으로 간단히 육수(수프)를 만들 수 있다.

치즈

냉장실 냉동실

건조는 엄금. 절단면은 공기에 닿지 않도록

치즈는 한 번 사용할 만큼 호일에 싸서 냉동보관한다. 알루미늄 호일은 치즈의 산화를 방지해준다. 또한 까망베르 등 잘라서 사용하는 치즈는 절단면의 수분을 유지하기 위해 랩으로 싸서 냉동보관하면 1개월 이상은 저장가능하다. 해동할 때는 냉장실에 넣어서 천천히 해동한다.

한 번에 다 먹을 수 없는 식재료는 어떻게 할까?
냉동해도 괜찮을까?
이 식재료는 어떻게 저장하지?

식재료 저장법에 관련된 다양한 궁금증을 풀어드립니다.

아이콘 보는법

상온 상온에서 보존가능

냉장실 냉장고에서 보존가능

냉동실 냉동고에서 보존가능

시금치

냉장실 냉동실

살짝 데쳐서 냉동

시금치나 소송채 등 엽채류는 물로 씻지 말고 냉장고 야채칸에 저장한다. 때때로 분무기로 살짝 물을 뿌리면 촉촉함이 유지된다. 냉동저장하는 경우는 살짝 데쳐서 물기를 잘 제거한 후 랩으로 싼다. 그대로 볶거나 상온에서 해동하여 나물요리를 할 수 있다.

양배추

냉장실 냉동실

채썰어 두면 냉동저장도 가능

양배추는 칼로 심을 파 내고, 그곳에 물에 적신 키친타월을 메꾸어서 야채실에 보관한다. 양상추는 칼을 쓰지 않고 손으로 파내면 오래 보관할 수 있다. 양배추는 채썰어서 냉동보관하는 것도 가능하다. 먹을 때는 사용하는 양만큼 그대로 상온에서 해동한다.

두부

냉장실

별도용기에 옮겨 담아 물을 갈아주면서 냉장보관

다 사용하지 못한 두부는 다른 용기에 옮겨 담고, 랩 등으로 뚜껑을 덮어 냉장보관한다. 하루에 한 번씩 물을 갈아주면 일주일 정도 저장할 수 있다. 수분이 많은 두부나 양상추, 오이 등의 생야채는 냉동저장하기에는 적합하지 않다. 푸석푸석해져서 맛이 변해버리고 만다.

감자

상온 냉장실 냉동실

냉동한다면 으깬 상태로

자연 그대로의 감자는 그늘진 곳에서 보관한다. 맛을 그대로 유지하려면 냉동보관 하는 것이 가장 좋다. 냉동보관할 경우는 껍질째 쪄서 껍질을 벗기고, 으깨어 으깬 감자로 만드는 것이 포인트이다. 코로케나 감자샐러드를 만들 때 편리하다.

스위트콘

냉장실 냉동실

조금씩 나누어 랩에 싸서 냉동보관

스위트콘이나 아스파라거스 등 데친 야채캔은 뚜껑을 열면 유통기한이 짧아진다. 이럴 때에는 물기를 잘 제거하고 조금씩 나누어 랩에 싸서 냉동저장한다. 데친 토마토 등도 지퍼백에 담아 같은 방법으로 저장할 수 있다. 이렇게 하면 언제든지 다양한 요리에 활용할 수 있다.

당근

냉장실 냉동실

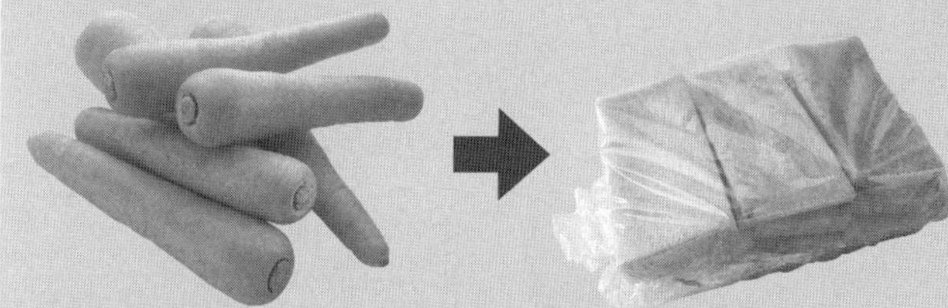

적당한 크기로 잘라 냉동보관하면 언제든지 이용할 수 있다.

당근은 한 번에 다 쓸 수 없는 경우가 많다. 익히지 않은 상태라면 신문지에 싸서 야채실에 저장한다. 냉동보관할 경우는 적당한 크기로 자르는 것이 중요하다. 냉동된 상태에서 자르는 것은 어려우므로, 미리 잘라두면 편리하게 사용할 수 있다.

캔제품을 사용한 간단 응용요리, 반찬 한 가지가 금방 추가된다!

캔제품을 사용한 요리모음!

가다랭이포 맛가루 밥

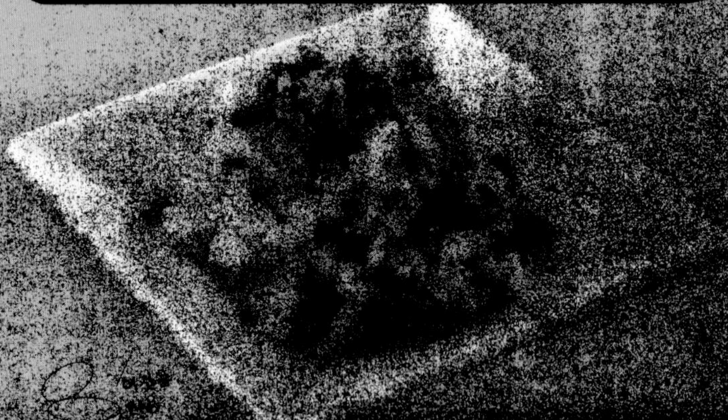

가다랭이포 맛가루

밥

후추

참치샐러드

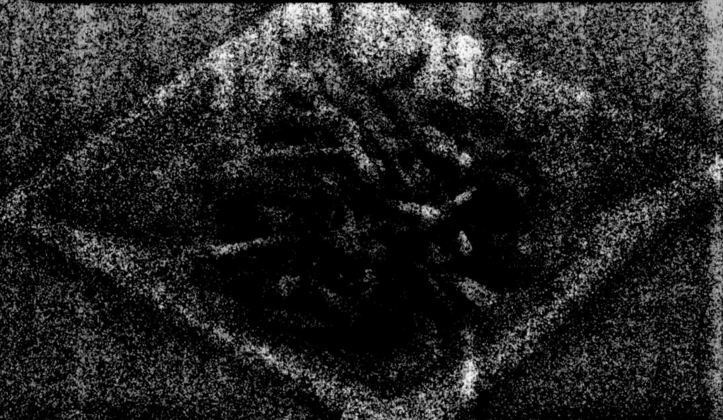

토마토와 양파를 곁들인 정어리

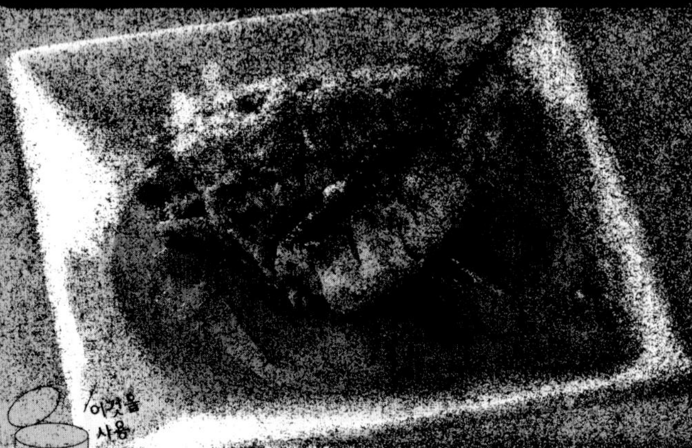

이것을 사용

정어리

재료(2인분)

양파 ························ 1/8개

토마토(소) ···················· 1/2개

정어리 ···················· 4~5마리

1 양파와 토마토를 얇게 썰어 그릇에 담는다.

2 1의 위에 정어리를 얹는다.

양파 꽁치버무림

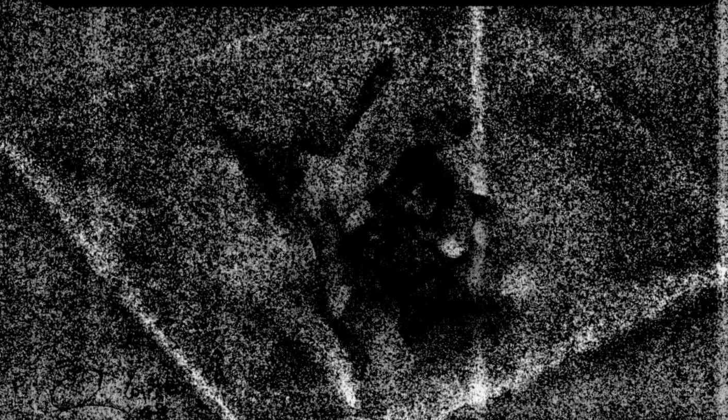

양파 ························

꽁치조구이 ························

1 양파를 얇게 썰어서 소금으로 간을 하고 물로 씻은 후 꽉 짠다.

2 꽁치조구이와 1을 버무려 그릇에 담아낸다.

콘샐러드

재료(2인분)

- 스위트콘 ······ 30g
- 양배추 ······ 30g
- 햄 ······ 1장
- 프렌치 드레싱(시판품) ···· 적당량

스위트콘

만드는 법

1 스위트콘을 꺼내서 즙을 짠다.

2 양배추와 햄을 채 썬다.

3 1과 2를 그릇에 담고 프렌치 드레싱으로 버무려 그릇에 담는다.

해초샐러드

재료(2인분)

- 바지락(익힌것) ······ 10g
- 미역 ······ 5g
- 양배추 ······ 20g
- 간장 드레싱(시판품) ······ 적당량
- 저민 생강 ······ 2장

만드는 법

1 바지락의 물기를 빼고 미역은 물에 담가 불려 놓는다.

바지락

2 양배추를 데쳐서 먹기 좋은 크기로 썬다.

3 1과 2를 그릇에 넣고 간장드레싱으로 버무려서 그릇에 담는다.

4 저민 생강은 채 썰어서 3의 위에 얹는다.

화이트 아스파라거스의 오로라 소스무침

재료(2인분)

- 화이트 아스파라거스 ······ 3~4개
- 케찹 ······ 1T
- 마요네즈 ······ 1T
- 피클(작은 것) ······ 1개

만드는 법

1 화이트 아스파라거스의 끝이 부서지지 않도록 꺼낸다.

화이트아스파라거스

2 1을 길이를 맞추어서 잘라 그릇에 담아 놓는다.

3 케찹과 마요네즈를 섞어서 2의 위에 뿌린다.

4 피클에 칼집을 넣고 3에 버무린다.

대두 마요네즈 무침

재료(2인분)

- 통조림콩 ······ 40g
- 햄 ······ 20g
- 오이 ······ 10g
- 마요네즈 ······ 1T
- 소금, 후추 ······ 약간씩

통조림콩

만드는 법

1 통조림콩을 캔에서 꺼내 물기를 제거한다.

2 햄과 오이를 채 썰어 둔다.

3 1과 2를 마요네즈, 소금, 후추로 버무려서 그릇에 담는다.

워킹맘을 도와주는

요모조모 쓸모있는 조리기구

일하는 엄마의 조리시간을 줄일 수 있는 편리한 조리기구를 소개합니다. 기구를 적절하게 잘 사용하면 요리의 효율은 한층 더 높아집니다!

전자저울

무게측정, 타이머, 시계의 3가지 기능을 갖추고 있다. 재료별로 추가해서 1g 단위로 잴 수 있다.

거품제거용 국자와 소국자

육수나 찌게 등을 끓일 때 불필요한 거품을 제거하는 제품. 거품 위에 갖다 대는 것만으로 돌기가 거품을 흡수해서 손쉽게 제거할 수 있다. 뜨기, 거품제거, 계량, 으깨기 등 4가지 용도로 사용한다.

쿠킹온도계

기름 등의 온도를 잴 때 유용한 제품. 방수가 되어 있어서 젖은 손으로 사용해도 된다.

거품제거용 덮개

줄무늬 홈이 거품을 제거해 주고 물로 바로 씻을 수 있다. 조리시 뚜껑을 놓아두기에도 좋다. 사용하지 않을 때에는 세워서 보관하면 되므로 수납도 편리하다.

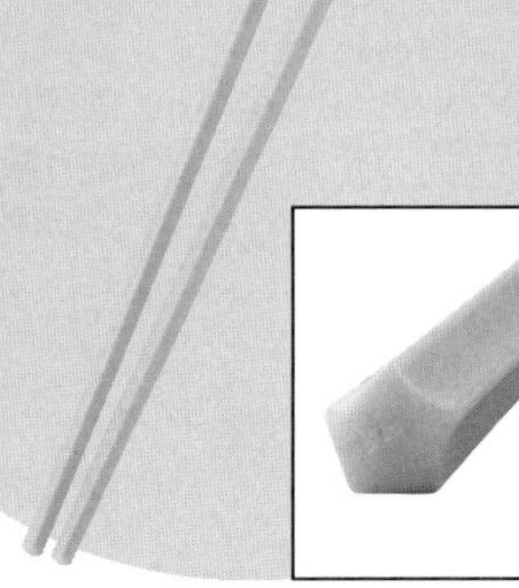

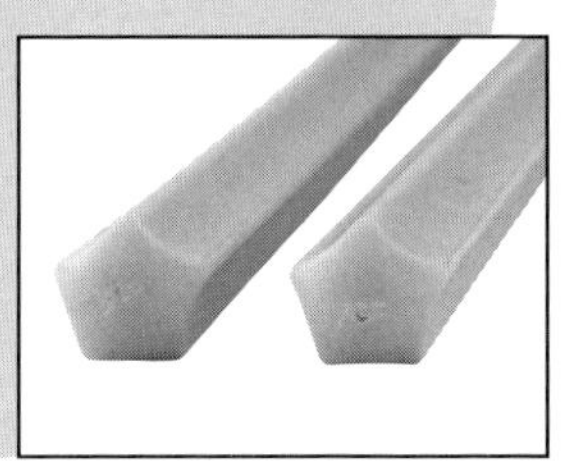

스타젓가락

오각형의 젓가락면에 홈을 죽 파서 콩과 같은 작은 재료도 쉽게 집을 수 있다. 면종류를 먹을 때에도 편리하다.

세로형 필러(위) Y자형 필러(아래)

Y자형 필러는 야채의 곡선부분에 맞추어 칼이 회전하므로 부드럽게 껍질을 벗길 수 있다. 세로형 필러는 부엌칼로 껍질을 벗기는 느낌으로 편하게 껍질을 벗길 수 있다.

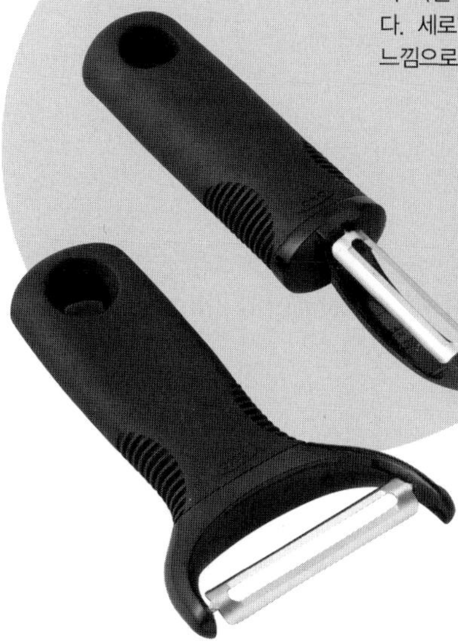

미니채칼 3종셋트

채썰기가 한 번에 해결되는 채칼. 식재료를 남김없이 갈 수 있는 안전홀더와 식재료를 그대로 내려 담을 수 있는 그릇이 달려 있어 편리하다.

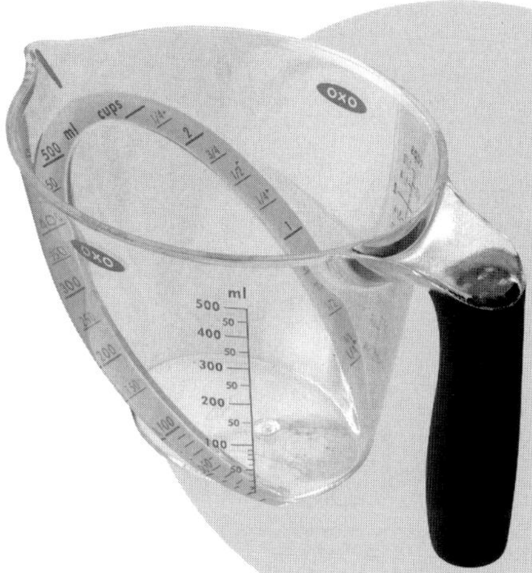

계량컵

안쪽 눈금을 위에서 보면서 계량할 수 있는 미국특허를 받은 상품.

전자레인지용 덮개

돼지 코에서 증기가 빠지므로 랩 대용으로 식기에 덮어서 전자레인지에서 요리를 데울 수 있다. 단계별로 홈이 파여져 있어서 접시에서부터 밥그릇에 이르기까지 사이즈가 다른 식기에도 사용할 수 있다.

계량스푼

설탕 등의 가루종류는 머리부분으로, 간장 등의 액체는 몸통부분으로 계량한다. 모양이 앙증맞아서 쓰지 않을 때에는 부엌에 세워두면 장식품 역할도 한다.

요리집게

볶고, 집고, 버무리고, 담는 등 모든 요리과정에서 활용도가 높은 집게. 2개로 나누면 샐러드 도구로도 사용할 수 있다.

바쁜엄마의 간편요리 ❶ 웰빙 워킹맘 레시피

2008년 5월 1일 초판 인쇄
2008년 5월 5일 초판 발행

옮긴이 송청락
펴낸이 주병오

펴낸곳 지구문화사
JIGU PUBLISHING Co.

경기도 파주시 교하읍 문발리
파주출판문화정보산업단지 518-2
영업부 (031) 955-7566 · 7577
편집부 (031) 955-7731~3
FAX (031) 955-7730
E-mail jigu@ji-gu.co.kr
홈페이지 http://www.ji-gu.co.kr

출판등록 1979년 7월 13일 제 59 호

ISBN 978-89-7006-443-7 값 9,000 원